gutes leben
bene!

Margot Käßmann
Andreas Helm

Mit mutigem Schritt zurück zum Glück

Weil uns das Leben
immer wieder überrascht

Für unsere wunderbaren
inzwischen erwachsenen Kinder:

Sarah
Sarah
Hanna
Lea
Lea
Jonas
David
Esther

INHALTSVERZEICHNIS

Vorwort 7
Unverhofftes Wiedersehen 10
Veränderungen sind auch Wagnis 28
Was Beziehung trägt 36
Wertschätzende Kommunikation 51
Herkunft 60
Heiraten 89
Eltern sein 94
Über die Liebe 113
Bilder und Klänge 127
Umbrüche und Aufbrüche 138
Friedensbewegung 146
Gesellschaftliches Engagement 159
Humor und Leichtigkeit 171
Altwerden oder: Alles hat seine Zeit 178
Epilog 183
Quellen 189

VORWORT

Die Idee zu diesem Buch ist nach einem Spaziergang entstanden. Wir hatten Bekannte von Andreas getroffen. Und die sagten: So eine schöne Geschichte, die solltet ihr auch mit anderen teilen! Ja, dachten wir, das wäre vielleicht eine Idee. Und bevor es andere erzählen, machen wir das selbst.

Es geht dabei nicht so sehr um eine Liebesgeschichte. Das scheint uns immer ein wenig übertrieben, weil der Begriff »Liebe« so dramatisch daherkommt. Uns geht es eher darum, die Dankbarkeit für das Glück, sich wiederzufinden, mit anderen zu teilen. Wir erzählen in diesem Buch auch von dem Mut, im Alter noch einmal den Schritt in eine Beziehung zu wagen.

Beim Schreiben haben wir überlegt: Sich wiedersehen ist das eine. Doch wie entsteht daraus eine tragfähige Beziehung? Wir sind jetzt mehr als sieben Jahre wieder zusammen – wie wurde das möglich? Uns ist klar geworden: Es sind ähnliche Überzeugungen und Prägungen, die Erfahrungen einer Generation, die unserem Miteinander ein Fundament geben. Dazu gehören Wertvorstellungen, die uns früh mitgegeben wurden. Deshalb schildern wir nicht nur unser Wiedersehen und was sich daraus entwickelt hat, sondern blicken zurück auf das Lebensgefühl unserer Generation. Wir gehören zu den »Babyboomern«, die jetzt langsam abtreten. »Fridays for

Future« übernimmt viele unserer Überzeugungen, aber es ist nicht so, dass sie »how dare you« – »wie könnt ihr es wagen?« – sagen müssten. Auch wir haben uns in der Friedens- und Umweltbewegung engagiert!

So ist ein Buch entstanden, das viele biografische Passagen hat. Der Theologe Hans Küng hat in seinen Lebenserinnerungen geschrieben, sein Freund Walter Jens habe gesagt: »Du darfst in deiner Autobiographie über alles schreiben, nur muss es immer einen Bezug zu dir haben.«[1] So schildern wir gesellschaftliche Entwicklungen und Ereignisse mit dem Bezug, den wir zu ihnen oder sie zu uns hatten.

Wir sind inzwischen beide im Ruhestand. Es geht darum, herauszufinden, was jetzt wichtig ist. Wie wir die letzte Etappe leben wollen. Wir beide sind dazu viel im Gespräch, beim Essen, bei Spaziergängen – und wenn wir nicht zusammen sind, am Telefon. Deshalb hat dieses Buch größtenteils Gesprächscharakter. Verschiedene Schriftarten kennzeichnen, wer gerade schreibt.

Wir haben länger überlegt, wie wir unser Buch betiteln wollen. Um die Ecke der Wohnung in Hannover gibt es ein wunderbares Café mit dem Namen »Zurück zum Glück«, in dem wir uns gern mit anderen treffen. Eigentlich lächeln alle, wenn sie den Namen hören.

Wir denken, das passt auch als Titel für unsere Geschichte. Nicht, dass es kein Glück gab zwischen unserer ersten Beziehung und der jetzigen. Wir waren glücklich in unseren Ehen, wir waren und sind es mit unseren Kindern und Enkeln. Aber es war ein mutiger Schritt, in unserem Alter noch einmal zu wagen, eine neue Beziehung einzugehen. Und ja, wir haben das Glück gefunden.

Wir danken allen, die uns ermutigt haben, dieses Buch zu schreiben. Und wir wünschen allen, die es lesen, dass sie auch immer wieder Schritte zum Glück wagen.

Margot Käßmann und Andreas Helm
Usedom im Sommer 2021

UNVERHOFFTES WIEDERSEHEN

MARGOT // Im Jahr 2013 war ich zu einem Vortrag in Marburg eingeladen. Am nächsten Morgen zog ich meinen Koffer vom Hotel zum Bahnhof, als ein DHL-Wagen mitten auf der Kreuzung anhielt und der Fahrer ausstieg. Er rief: »Margot!!!«

Fehim kam über die Kreuzung gerannt, blieb freudig vor mir stehen und erzählte, er sei bei meinem Vortrag gewesen. »War super!« Aber »der Schogger«, der eigentlich mitkommen wollte, hätte dann doch keine Zeit gehabt. Ich habe mich echt gefreut, Fehim zu sehen und von Andreas, Spitzname »Schogger«, zu hören. Vor vielen, vielen Jahren waren wir alle in Stadtallendorf eng verbunden …

Anfang 2014 habe ich an der Universität Gießen einen Vortrag zur Reformation gehalten. Alles lief ziemlich normal. Am Ende kamen einige Menschen, um mir nur kurz die Hand zu schütteln, etwas zu fragen oder anzumerken. Andere baten darum, ein mitgebrachtes Buch zu signieren. Unter ihnen war auch Evi, mit der ich vor vielen Jahren zu einer Ausgrabung in Israel war. Wir haben uns begeistert in den Arm genommen. Als Evi ging, stand als Nächstes ein Mann vor mir und sagte schlicht: »Hallo, ich bin Andreas.«

In meinem Kopf rotierte es. Wer ist das? Dann wurde mir klar: Das ist der Andreas! Meine Jugendliebe. Mit 14,

15 sind wir »miteinander gegangen«, wie es damals hieß. Gemeinsam haben wir im Posaunenchor der Kirchengemeinde gespielt, zusammen den Kindergottesdienst in der Herrenwaldkirche gestaltet, Freizeiten am Edersee erlebt – und den ersten Kuss getauscht – danach noch ein paar mehr. Es war sehr aufregend, heimlich Händchen zu halten.

Meine Tagebuchaufzeichnungen zeigen: Ich war sehr, sehr verliebt, zum ersten Mal im Leben. Was für überbordende Gefühle, eine so aufregende Zeit! Die Frage, ob die Gefühle erwidert werden, die Vorfreude, einander zu sehen, die Unsicherheit, das Glück.

Die erste Liebe, den ersten Kuss vergisst wohl niemand. Es ist eine so intensive Phase im Leben, da gibt es wahrhaftig »Frühlingsgefühle«.

Ich hatte Andreas rund 40 Jahre nicht gesehen und habe mich riesig gefreut, dass er zu meinem Vortrag gekommen war. In dem ganzen Chaos schafften wir es nur, ganz schnell die Handynummern auszutauschen. Später, auf dem Weg zum Flughafen, habe ich mich geärgert, dass ich mich so schnell zum Aufbruch hatte drängen lassen. Für ein Gespräch zu zweit nach der Veranstaltung hätte die Zeit doch noch gereicht …

Wir haben uns dann ein paar Wochen später zum Essen verabredet, als ich in der Nähe der Stadt, in der er wohnt, einen Termin hatte. Wir haben ein bisschen »Faktencheck« gemacht, einander viel erzählt und gestaunt, wie vieles in unseren Leben parallel gelaufen war. Beide waren wir 26 Jahre verheiratet gewesen, jetzt aber schon länger geschieden. Beide haben wir vier Kinder, zwei haben sogar denselben Namen, und beide sind wir Eltern von Zwillingen.

Es war ein eher ruhiges Treffen. Am Ende habe ich Andreas erzählt, dass ich bald einen Vortrag in unserer alten Kirchengemeinde in Stadtallendorf halten würde. Die Kirche ist vor einigen Jahren entwidmet worden, es gibt nicht mehr genug Gemeindemitglieder. Ein Verein mit dem Namen »Jumpers« macht dort aktuell Jugendarbeit – ein wenig anders als damals, aber vom Konzept her sehr überzeugend. Die Träger wollen Kinder und Jugendliche in ihrer Entwicklung fördern. Ich unterstütze das hin und wieder mit einer Veranstaltung. Andreas sagte, da würde er auch gern kommen.

*

Es war dann ein paar Wochen später schon ein besonderes Gefühl, gemeinsam an dem Ort zu sein, der für uns so eine große Bedeutung hatte. Dort hatten wir Posaune gespielt und Kindergottesdienst gestaltet. Hier war der Discokeller, den Pfarrer Lauer uns als Jugendlichen hatte einrichten lassen. Wir konnten dort damals »unsere Musik« hören, miteinander tanzen.

Andreas und ich freuten uns an den Erinnerungen und an der aktuellen Begegnung. Als mir nach der Veranstaltung jemand ein Foto schickte, auf dem wir beide zu sehen sind, musste ich schmunzeln: fast wie früher. Wir sehen jedenfalls sehr glücklich aus.

Im Sommer kam Andreas nach Berlin, um seine Tochter zu besuchen. Ich lebte seit ein paar Jahren ebenfalls dort. Wir haben uns zu einem Spaziergang um den Schlachtensee verabredet. Dieses Mal ging das Gespräch lange und war sehr intensiv, der Spaziergang wurde immer länger. Wir haben uns ausführlich erzählt, was das Leben in den letzten Jahrzehnten so mit sich gebracht hatte. Es war eine langsame Wiederannäherung. Aber irgendwie war es auch einfach, weil wir uns so nahe waren, damals in den 70er-Jahren des letzten Jahrhunderts.

Wir wissen, woher wir kommen, wer wir sind, kennen die familiären Zusammenhänge, aus denen wir stammen, und wissen auch um das soziale Umfeld, in dem wir aufgewachsen sind.

Ja, die Jahre des Lebens verändern uns. Aber wir beide haben den Eindruck, der Wesenskern eines Menschen verändert sich auch in 40 Jahren nicht, selbst wenn es ein bisschen gedauert hat, bis wir uns erzählt hatten, was in dieser Zeitspanne so alles passiert war. Als wir am Schlachtensee mit der Verabredung auseinandergingen, dass Andreas mich im Herbst auf Usedom besuchen würde, war mir eigentlich klar: Wenn er dort hinkommt, dann wird das etwas Bleibendes.

ANDREAS // Von Margots Vortrag im Februar 2014 hatte ich viele Wochen zuvor durch einen Artikel in der örtlichen Tageszeitung erfahren. Spontan dachte ich: Das wäre doch mal ein Anlass, sie zu sehen, nachdem ich die Verabredung mit Fehim, gemeinsam einen Vortrag von ihr in Marburg zu besuchen, verpasst hatte. Ich nahm mir jedenfalls fest vor, die Gelegenheit dieses Mal zu nutzen. Zwar hatte ich Margot ab und an in den Medien gesehen, aber unser Kontakt war schon sehr lange abgerissen.

Eines Morgens wurde mir schlagartig bewusst, dass ich auch den Termin in Gießen wahrscheinlich verpasst hatte. Und ich dachte: Wie ärgerlich, dass ich mir das Datum nicht aufgeschrieben habe! Als ich einem Freund davon erzählte, klärte dieser mich darüber auf, dass der Vortrag erst in der folgenden Woche stattfinden würde. Ich hatte mir tatsächlich ein falsches Datum gemerkt.

Gespannt machte ich mich auf den Weg zum Audimax, dem großen Vortragssaal der Gießener Universität, und fand, obwohl ich sehr früh dran war, nur noch einen Platz in den hintersten Reihen. Als es losging, war der Saal bis auf den letzten Platz gefüllt. Margot sprach im Rahmen einer Ringvorlesung über das Leben von Martin Luther und gab einen Ausblick auf das Reformationsjubiläum, das im Jahr 2017 anstand. Während des Vortrags machte ich einige Fotos von Margot, die mir aber leider – bedingt durch die große Distanz bis zur Bühne – nicht so recht gelungen sind. Alle Aufnahmen sind unscharf ...

Nachdem Margot ihre Ausführungen beendet hatte, gab es reichlich Applaus. Zuhörerinnen und Zuhörer strömten nach vorne zur Bühne, anscheinend um sich ein Autogramm geben zu lassen oder andere persönliche Anliegen vorzubringen. Mir kam der Gedanke, ebenfalls nach vorne zu gehen und Margot »Hallo« zu sagen. Aber die vielen Leute um sie herum, die alle etwas von ihr wollten, ließen mich zögern. Ich fragte mich: Ist das ein günstiger Zeitpunkt für ein Wiedersehen nach so langer Zeit? Sicherlich würde es irgendwann eine andere Gelegenheit geben, Margot zu treffen. Ich wandte mich schon zum Gehen, als eine innere Stimme mir sagte: Du gehst jetzt zu ihr.

Ich kam erst fast zum Schluss an die Reihe. Ob sie mich

wohl wiedererkennen würde? Als wir uns das letzte Mal sahen, war ich 15. Sicherheitshalber sagte ich deshalb, als ich vor ihr stand, als Erstes meinen Namen. Margot schien überrascht und zugleich erfreut, mich zu sehen. Wir wechselten nur wenige Sätze, weil sie kurz darauf aufbrechen musste. Demnächst sei sie, wie sie sagte, wieder einmal in der Nähe. Dann könnten wir uns in Ruhe treffen. Mit diesen Worten reichte sie mir ihre Visitenkarte.

Wenige Wochen später holte ich Margot mit dem Auto vom Bahnhof in Darmstadt ab. Vor Beginn einer Veranstaltung in Ober-Ramstadt, bei der sie aus ihrem neuen Buch lesen wollte, hatten wir noch etwas Zeit für ein Gespräch in einem Restaurant. Wir erzählten uns viel über unsere Kinder und was sonst so alles passiert war in den letzten 40 Jahren, zumindest in groben Umrissen. Es war ein eher sachliches Gespräch, geprägt vom Austausch vieler Fakten. Dennoch hatten wir beide wohl das Gefühl, dass es irgendwie weitergehen sollte. So lud sie mich zu einer Veranstaltung in der evangelischen Kirche in Stadtallendorf ein. Der Kirche, in der damals unsere Jugendliebe begonnen hatte.

Diesen Ort nach so langer Zeit wieder einmal zu sehen, weckte in mir viele Erinnerungen. Hier waren Margot und ich Kindergottesdiensthelfer gewesen, im Alter von 14, 15 Jahren. Hier haben wir zusammen im Posaunenchor gespielt und uns das erste Mal ineinander verliebt.

Über den kirchlichen Rahmen hinaus war dieser Ort aber vor allem ein sozialer Treffpunkt für alle Kinder und Jugendlichen der Siedlung, ganz gleich welcher Religion oder Nationalität jemand angehörte. Stadtallendorf hatte zu dieser Zeit viele »Gastarbeiter« – so nannte man sie damals – aus den verschiedensten Ländern wie der Türkei, Portugal, Italien etc.

Mir ist in diesem Zusammenhang eine Geschichte in besonderer Erinnerung geblieben: Ich sollte mit den kleineren Kindern ein Krippenspiel einstudieren und aufführen. Die mitspielenden Kinder waren evangelisch, katholisch und auch muslimisch. Fehim, unser Freund, jünger als wir, wollte unbedingt mitspielen und wurde so muslimischer Hirte. Das war kein Problem, sondern Ausdruck einer selbstverständlichen Ökumene und Interreligiosität, auch wenn wir diese Worte und deren Bedeutung damals noch nicht kannten. Diese Offenheit für ein Miteinander, auch der Konfessionen und Religionen, hat uns geprägt.

Pfarrer Lauer erlaubte uns Jugendlichen damals, einen großen ungenutzten Raum im Keller der Kirche zu einer Art Diskothek auszubauen. Da wurde gesägt, gehämmert und gestrichen. Als wir fertig waren, trafen sich hier regelmäßig die Jugendlichen aus der näheren Umgebung, um gemeinsam Musik zu hören und zu tanzen. Miteinander den Rolling-Stones-Song »Angie« eng umschlungen als eine Art Stehblues zu tanzen – das war der Himmel! Zum ersten Mal in unserem Leben hatten wir mit viel Gemeinsinn etwas geschaffen. Wir fühlten uns gesehen und anerkannt. Das war die beste Motivation, die wir bekommen konnten, uns auch in Zukunft zu engagieren.

Gut kann ich mich an Informationsabende in unserem Discokeller erinnern, bei denen ein Film zur Einführung gezeigt und anschließend über das Thema Drogenmissbrauch diskutiert wurde. Wenn ich heute darüber nachdenke, wird mir bewusst, wie immens wichtig die Arbeit in den sozialen Brennpunkten unserer Gesellschaft ist. Kinder und Jugendliche, die von zu Hause wenig oder gar keine Unterstützung erhalten, brauchen Hilfe. Sie sind für die prekäre Situation, in der sie sich oft befinden, nicht verantwortlich. Die Gesellschaft hat die moralische Pflicht, ihr Engagement auf diesem Gebiet weiterhin zu intensivieren, damit die Schere zwischen Arm und Reich nicht immer mehr auseinandergeht. Zudem ist es eine Investition in die Zukunft, wenn gestärkte Persönlichkeiten mit ihren Fähigkeiten unser Gemeinwesen bereichern.

In der Herrenwaldkirche wurden damals solche Überzeugungen für Jugendliche in die Praxis umgesetzt.

*

Wenige Wochen später besuchte ich meine älteste Tochter in Berlin. Da Margot zu dieser Zeit auch in Berlin wohnte, trafen wir uns zu einem Spaziergang rund um den Schlachtensee. Es war ein angenehm warmer Spätsommertag, wir hatten viel Zeit zum Reden. Keine anderen Termine drängten uns zur Eile. So entstand zwischen uns ein Gespräch, in dem Tiefgründiges Raum hatte und Vertrautes zum Vorschein kam. Ich denke, dieser immer länger werdende Spaziergang, der uns auch dann noch den Nachbarsee, die Krumme Lanke, umrunden ließ, war entscheidend für den Beginn unseres neuen Miteinanders. Margot erzählte auch von ihrem Ferienhaus auf Usedom und lud mich ein, sie dort irgendwann im Herbst zu besuchen, wenn es zeitlich passen würde.

An einem nasskalten Novembertag fuhr ich mit der Bahn nach Usedom. Mit im Gepäck waren die Briefe, die Margot mir vor Jahrzehnten geschrieben hatte, als sie zu einem

Schüleraustausch in England gewesen war. Ich hatte sie aufgehoben und vor wenigen Tagen zum ersten Mal nach 40 Jahren wieder hervorgeholt. Ich wollte Margot die Briefe im Laufe der nächsten Tage zeigen, wenn ich es für angemessen hielt. Es kam anders. Schon am ersten Abend spürte ich, dass der richtige Zeitpunkt dafür gekommen war, und las Margot die Briefe nacheinander vor. Es war wie eine Zeitreise.

*

Inzwischen sind einige Jahre vergangen. Das ist schon daran zu merken, dass Andreas schreibt, ich hätte ihm damals nach dem Vortrag meine Visitenkarte gegeben. Ich dachte, wir hätten beim ersten Wiedersehen Telefonnummern ausgetauscht ;) So schnell verschwimmt Erinnerung …

Ich hatte Andreas bei unserem Abschied nach dem Treffen in Berlin sehr spontan gesagt: »Komm gern mal auf Usedom vorbei.« Als wir dann ein konkretes Datum verabredet hatten, zu dem er sich auf den Weg machen würde, habe ich mich gefreut. Eine Freundin, der ich von den Plänen erzählte, war skeptisch und fragte: »Bist du dir sicher, dass das eine gute Idee ist? Und dann gleich für fünf Tage? Und was ist, wenn er dir auf den Wecker geht? Das kannst du doch gar nicht absehen.« Ich war da ziemlich entspannt. Weil ich zutiefst überzeugt war: Das wird gut.

Von Gießen bis nach Usedom ist es eine Bahnfahrt von zehn Stunden. Andreas kam erst am frühen Abend an. Ich hatte alles vorbereitet für Spaghetti bolognese und Salat.

Und siehe da, es ließ sich alles ganz locker an, ich kochte Nudeln und die Soße, Andreas machte den Salat. Danach redeten wir – stundenlang ...

Andreas hatte die Briefe mitgebracht, die ich ihm als 15-Jährige aus dem fast vierwöchigen Schüleraustausch in Bristol geschrieben hatte. Ich war angerührt von der Ernsthaftigkeit, mit der ich damals über uns als Paar nachgedacht habe, und auch von der Nähe, dem Vertrauen, das wir als Jugendliche geteilt haben. »Wir gehören einfach zusammen«, hatte Andreas mir damals geschrieben. Das empfinde ich genauso.

Am nächsten Morgen beim Joggen dachte ich: Garantiert habe ich seine Briefe auch noch. Solche Erinnerungen werfe ich doch nicht weg! Im Keller des Ferienhäuschens standen noch zwei Kisten, die viele Umzüge lang nicht ausgepackt worden waren. Und siehe da, in einem Ordner waren die Briefe von Andreas aus den Jahren 1973/74. Ich habe sie auf den Frühstückstisch gelegt. Er hat sich über meinen Fund gefreut und war erstaunt, wie ernsthaft er damals manches formuliert hatte – als hätte er sich das im Rückblick selbst nicht zugetraut. Und es war tatsächlich auch noch eine Karte von Fehim dabei, dem gemeinsamen Freund unserer Jugendzeit. Er war damals noch ein Kind und vor noch gar nicht langer Zeit aus Izmir nach Stadtallendorf gekommen.

Andreas und ich haben ihn später zusammen in Marburg besucht. Inzwischen ist er Vater von drei erwachsenen Kindern und Großvater. Fehim hatte Tränen in den Augen und sagte: »Meine lieben, lieben Freunde«, das hat mich sehr gerührt. Als ich den Film »A Star is born« gesehen habe, hat mich das Lied »I will always remember us this way« bewegt. Ich bin kein Fan von Lady Gaga. Aber dieses Festhalten einer schönen Erinnnerung ist ein anrührender Gedanke ...

Die Beziehung zwischen Andreas und mir wurde etwas Bleibendes ohne allzu große Hürden. Da gab es gar keine dramatischen Entscheidungen, keine großen Hindernisse zu überwinden, sondern wir haben, so merkwürdig das klingt, über die 40 Jahre hinweg an das alte Vertrauen unmittelbar wieder anknüpfen können. Ich genieße das Vertrauen, das in dieser neuen Partnerschaft möglich ist.

Natürlich ist es ein mutiger Schritt, in unserem Alter noch einmal eine Beziehung zu wagen. Es scheint mir aber leichter, als etwa bei Parship völlig neu anzufangen. Freundinnen und Freunde erzählen mir manchmal, wie schwierig das ist. Da ist große Unsicherheit: Wer ist der oder die andere überhaupt? Biografien können ja auch einfach erfunden werden. In Zeiten von digitalem »Dating« über Plattformen wie Parship gibt es anscheinend nichts, was es nicht gibt. Da wird teilweise geheuchelt und gelogen, dass sich die Balken biegen.

Wenn du dich von früher kennst, musst du nicht fragen, wer jemand ist, woher jemand kommt. Und auch das beschriebene Ghosting, dass man es mit jemandem zu tun bekommt, der vorgibt, ein anderer zu sein, und dann auf einen Schlag völlig verschwindet, nicht mehr erreichbar ist, weil seine Lebensumstände schlicht erfunden waren, ist ausgeschlossen.

Freundinnen, Freunde, Bekannte haben sich gefreut, wenn sie gemerkt haben, dass Andreas und ich wieder zusammen sind. »Echt?«, fragte meine Cousine Monika.

»Finde ich super!« Sie war damals in den 70ern eng mit uns verbunden. Unsere Geschwister freuten sich mit uns. Und unsere Kinder mögen wir gegenseitig sehr gern. Sie alle waren bei meinem 60. Geburtstag, teilweise mit Partnerin oder Partner, dabei. Da ist insgesamt und rundherum ein gutes Miteinander, für das wir sehr dankbar sind.

Als ich Andreas zum 75. Geburtstag seiner Mutter begleitete, sagte einer seiner Brüder schlicht: »Hallo, Margot, lange nicht gesehen.« Das war entlastend. Diese Entspanntheit tut mir gut. Für seine Familie bin ich einfach die Margot, die sie von früher kennen. All die Ämter und Aufgaben, die ich in meinem Leben hatte, spielen schlicht keine Rolle. Lustig wurde es aber, als mich ein Gast bei diesem Geburtstag fragt, ob mir schon einmal jemand gesagt hätte, dass ich »dieser Frau Käßmann« echt sehr ähnlich sehe ... Da war das Gelächter dann doch groß.

Auch andere lustige Momente gab es. In Berlin hatte ich einen Interviewtermin mit dem Redakteur einer Zeitschrift. Er fragte am Schluss, ob ich ihm denn anvertrauen würde, falls es eine neue Beziehung in meinem Leben gäbe. Ich sagte mit leicht ironischem Unterton: »Natürlich, wenn sich etwas ergibt, sind Sie garantiert der Erste, den ich anrufe!«

Monate später war ich zu den Bad Hersfelder Festspielen eingeladen. Die diesjährige Aufführung drehte sich um Martin Luther, ich war gebeten worden, mir das Stück anzuschauen, um am folgenden Tag öffentlich darüber zu diskutieren. Andreas begleitete mich. Bei einem Treffen vor der Aufführung wurde mir klar: Der Journalist, der am nächsten Tag die Diskussion moderieren würde, war exakt jener Mann, der vor einiger Zeit in Berlin mit Blick auf eine mögliche neue Partnerschaft derart insistiert hatte.

Andreas war nicht nur am Abend, sondern auch als Gast bei der Diskussion am nächsten Tag dabei. Aber der Journalist kam überhaupt nicht auf die Idee, einen Zusammenhang zu sehen. Er dachte wahrscheinlich, wie so manche, es müsste – wenn ich einen Partner hätte – irgendein prominenter Mensch neben mir stehen. Andreas, meinen Freund aus Jugendzeiten, hatte er nicht »auf dem Schirm«.

Wir haben uns als Paar nie versteckt, zusammen Gottesdienste besucht, sind gemeinsam ins Kino, ins Theater und zu Konzerten gegangen. Andreas ist manchmal dabei, wenn ich eine Predigt oder einen Vortrag halte, ich komme manchmal mit, wenn er einen Theater- oder Clownauftritt hat. Auf ausgedehnten Spaziergängen sind wir gemeinsam unterwegs. Aber vielleicht ist unser Miteinander so selbstverständlich, dass es nicht auffällt. In Familie, Nachbarschaft und Freundeskreis wissen alle seit Jahren, dass wir ein Paar sind.

Dreimal wollten Journalisten gerne über unsere Beziehung berichten. Anlässlich eines größeren Artikels, in der Biografie, anlässlich eines Filmporträts. Ich wollte das möglichst vermeiden, weil ich zu oft den Vorwurf gehört hatte, in einem kirchlichen Amt zu sehr Privates zu zeigen. Und ich war dankbar, dass andere sich darauf eingelassen haben, nichts über die Beziehung von Andreas und mir zu berichten. Seriöse Journalisten sind eben keine sensationsgierigen Dampfplauderer. In dem Filmporträt, das Renata Schmidtkunz realisiert hat, ist Andreas dann als »Jugendfreund« aber doch zu sehen. Wir gehen miteinander über die Schienen einer Bahnstrecke in unserer alten Heimat und zur Herrenwaldkirche. Es war schön, ihn dabei zu haben, als Teil meines Lebens.

Bis heute sind wir nicht zusammengezogen, leben im Prinzip für uns allein, aber doch meist zusammen – mal in Hannover, mal in Gießen, mal auf Usedom, mal unterwegs. Da ist viel Freiheit und wenig Druck, wie eine Beziehung zu sein hat. Wir sind inzwischen beide im Ruhestand und können unsere Zeit einteilen. Mir gefällt das im Moment sehr gut, dieses Pendeln zwischen Orten und der gemeinsamen wie der getrennten Zeit. Vielleicht ändert sich das, wenn wir noch älter werden und die Unterstützung des anderen brauchen, ich weiß es nicht. Aber es ist ein schönes Gefühl, für Veränderungen offen sein zu können.

Margot fand tatsächlich die Briefe, die ich ihr damals nach England geschickt hatte, wieder. Oje, war das aufregend! Und sie las mir vor, was ich ihr vor 40 Jahren geschrieben hatte. Konnte es wirklich sein, dass das meine Worte waren, meine Gedanken und Empfindungen, hier auf Papier verewigt? In dieser Form hatte ich das nicht mehr in Erinnerung. Diese Ernsthaftigkeit, mit der ich damals über Liebe, Vertrauen, Verantwortung und vieles mehr nachgedacht hatte, überraschte mich ziemlich. Das hätte ich mir gar nicht zugetraut.

Einander Briefe schreiben ist für viele Menschen nicht mehr zeitgemäß. Welche Erinnerungsstücke aus den Anfängen einer Paarbeziehung würden heutzutage übrig bleiben? Das meiste läuft ja elektronisch ab: per E-Mail, über Messenger-Dienste und andere elektronische Kommunikationsmittel. Wie schade: Denn früher oder später wird all das, was da miteinander geteilt und einander zugedacht war, verschwunden sein. Nicht mehr aufrufbar, weil technisch überholt und ausgemustert, vielleicht auch bewusst oder unbewusst mit einem Klick komplett gelöscht. Es ist wohl was dran an dem Satz: Wer schreibt, der bleibt.

Beim Stöbern in den alten Unterlagen fanden wir auch noch einige gemeinsame Fotos von früher. Auch das war bewegend. Auf einem Bild stehen wir beide zusammen vor der Herrenwaldkirche und spielen wacker nebeneinander Zugposaune. Ein anderes Foto ist bei Margots Eltern zu Hause auf der Terrasse entstanden: Mein Freund Metin dirigiert uns im Spaß beim Posaunespielen. So eine schöne Erinnerung! Auf einer anderen Aufnahme sind wir lachend auf einer Freizeit am Edersee zu sehen.

Als meine Familie, Freunde und Bekannte erfuhren, dass wir wieder ein Paar sind, war die erste Reaktion Verblüffung. Dann aber waren sie alle begeistert.

Beinahe jeder und jede kennt Margot, durch das Fernsehen oder ihre Bücher. Kam manchen unsere Beziehung zunächst etwas befremdlich vor, so änderte sich das schnell, wenn ich erzählte, dass wir schon einmal, vor sehr vielen Jahren, ein Paar gewesen waren.

Ich erinnere mich an einen Spaziergang an meinem alten Wohnort, bei dem Margot und ich eine Frau trafen, mit der ich früher im Pfarrgemeinderat der katholischen Ortsgemeinde zusammengearbeitet hatte. Auch sie war mit ihrem Partner unterwegs, und wir stellten uns gegenseitig vor. Meine Bekannte sagte zu Margot: »Sie kenn ich doch.« Und ihr Partner: »Was machen Sie denn hier, Frau Käßmann, sind Sie auf Dienstreise?« Als wir erklärten, dass wir früher mal ein Paar waren und jetzt wieder, wirkte der Mann leicht irritiert, sagte dann mehrfach »super« und hielt den Daumen hoch. Ein schönes Gefühl, wenn andere sich mitfreuen.

Mein Handy zeigt mir monatlich an, wo ich mich an bestimmten Tagen aufgehalten und wohin ich mich bewegt habe. Auf einer Karte wird das mit vielen farbigen Linien grafisch sichtbar. Diese Funktion, die ich ziemlich gruselig finde, kann man sicherlich irgendwie abstellen, aber ich weiß nicht, wo und wie. Als wir uns neu kennenlernten, dachte ich: Hätte auch Margots Handy eine solche Funktion, würde jeden Monat ein grafisches Spinnennetz entstehen, quer über Deutschland gespannt.

1973 hatte ich auf einem Zettel notiert und mitverfolgt, wie ihre Reise nach Bristol verlief. Nun beschäftigte ich mich wieder mit ihren Reiserouten. Denn als ich Margot nach langer Zeit das erste Mal wiedertraf, war sie im Wesentlichen als Botschafterin für das Reformationsjubiläum unterwegs. Und das nicht nur in Deutschland, sondern weltweit.

1517 hatte Martin Luther damit begonnen, die katholische Kirche zu reformieren. In drei Jahren stand das Jubiläum an, und es galt, ein weltweites Großereignis – 500 Jahre Reformation – zu bewerben und Menschen aus aller Welt für die geplanten Veranstaltungen im Jahr 2017 einzuladen.

Mir war von Anfang an klar, dass Margot eine viel beschäftigte Person ist. Aber dass ihre Tage oft dermaßen dicht mit Terminen gefüllt waren, davon konnte ich nichts ahnen. Ich musste feststellen: Eigentlich war sie ständig auf Tour, in Deutschland meistens mit der Bahn. In den 80er-Jahren erzählte man sich einen Witz über den damaligen deutschen Außenminister Hans-Dietrich Genscher, der unentwegt und unermüdlich unterwegs war. »Kennste den?:

Begegnen sich zwei Flugzeuge in der Luft. In beiden sitzt Genscher.«

Auf Margot gemünzt, müssten es zwei ICE-Züge sein ... Ich denke, sie kennt mittlerweile jeden Bahnhof in Deutschland und die Speisekarte des Bordrestaurants auswendig.

Papst Johannes Paul II., Karol Wojtyla, war dafür bekannt, dass er bei Ankunft am Flughafen in einem Land zunächst den Boden küsste. Gleiches weiß man über Margot bezüglich der Bahnhöfe nicht zu berichten. Dafür hätte sie keine Zeit ;-). Glücklicherweise stand ich bei unserem Wiedersehen kurz vor dem Ruhestand und konnte mich meistens zeitlich arrangieren. So nutzten Margot und ich für unsere Treffen die wenigen Lücken in ihrem Kalender, bis auch sie 2018 in den Ruhestand ging.

Wo immer Margot auftaucht, füllt sie die Säle. Sie ist eine öffentliche Person, viele Leute kennen sie. Kirchenaffine Menschen natürlich über ihre Funktionen und Ämter, andere über Presse, Funk und Fernsehen. Dann gibt es noch die Kategorie derer, die sagen: Ach so, ja, die mit der Alkoholfahrt. Oder wieder andere: Ach die, die gesagt hat: »Nichts ist gut in Afghanistan.«

Ich frage mich: Warum betonen viele eigentlich immer die Alkoholfahrt und sagen nicht: Alle Achtung, Respekt, die Frau hat Haltung gezeigt, indem sie wegen dieses Fehlers von all ihren Ämtern zurücktrat.

Das erste Mal wurde mir das alles bei unserem gemeinsamen Spaziergang am Schlachtensee in Berlin bewusst. Wir waren in einem Biergarten eingekehrt, ich hatte ein Bier getrunken, Margot ein Glas Weißwein. Als wir gingen, rief ein Mann über die Tische hinweg: »Jetzt aber nicht mehr

Auto fahren, Frau Käßmann!« Ich war geschockt und fragte: »Passiert dir so etwas öfter?«

»Das passiert mir nahezu andauernd«, sagte sie mit einem Augenzwinkern.

Es gab damals nach ihrem Rücktritt eine Karikatur, in der wurden zwei Personen dargestellt. Die eine liest eine Zeitung, in der steht: »Käßmann tritt zurück wegen ...« Die andere sagt: »Mein Gott, wenn das Schule machen würde!« Gemeint war die Couragiertheit, die viele Politiker und andere Personen des öffentlichen Lebens oft vermissen lassen. Da wird sich bis zuallerletzt an das Amt, die Funktion, den Stuhl geklammert – ohne Anstand und Würde. Die Gradlinigkeit von Margot hat mir immer imponiert.

Damit unsere erneute Partnerschaft möglich werden konnte, musste schon vieles zusammenkommen. Es ist ein Beispiel dafür, wie ein einziger kleiner Moment, der durch viele Zufälle bestimmt wurde, ein Leben vollkommen verändern kann. Wäre ich damals nicht zum Vortrag gegangen, hätte ich mich nicht anschließend in die Schlange der Wartenden eingereiht – es hätte sich alles anders entwickelt. Inzwischen kommt mir unser Zusammenleben so vor, als wäre es schon immer so gewesen. Merkwürdig. 40 Jahre lassen sich ja eigentlich nicht überspringen. Aber es fühlt sich richtig an. Entspannt.

VERÄNDERUNGEN SIND AUCH WAGNIS

MARGOT UND ANDREAS // *Viele Freundinnen und Freunde sind Singles. Und wir haben beide eine Zeit lang auch allein gelebt. Wir sehen das im Rückblick als wichtige Erfahrung, auch wenn wir froh sind, heute wieder in einer Beziehung zu leben. Es ist hilfreich zu wissen, ob ich auch mit mir selbst zurechtkomme. Allein leben sollte nicht einfach nur als Problem hingestellt werden, auch wenn es für viele belastend sein kann. Entscheidend ist, ob wir in Beziehungen leben – mit der Familie, mit Freundinnen und Freunden. Die Corona-Zeit hat gezeigt, dass dieses Miteinander lebensnotwendig ist. Zudem kann in einer Paarbeziehung der Partner oder die Partnerin nicht alles abdecken, was wir an menschlicher Beziehung benötigen. Da kann es sonst schnell eng werden. Auch Partnerschaften brauchen jeweils eigene – und auch gemeinsame – Außenbeziehungen.*

MARGOT // Für mich war es eine riesige Veränderung, als ich 2010 nach meinem Rücktritt auf einmal in einem Studentenwohnheim in Atlanta gelandet bin. Ich hatte kaum noch feste Termine, musste für niemanden mehr sorgen, nur noch für mich selbst einkaufen, meinen Tagesrhythmus ganz für mich selbst planen. Es hat gedauert, bis ich in dieser Lebensphase angekommen war. Anfangs habe ich eine große innere Unruhe gespürt. Aber im Grunde tat es mir gut, nach so vielen Jahren, in denen ich in Familie und Beruf »durchgetaktet« gelebt hatte, zur Ruhe zu kommen. Allein zu sein. Viel zu lesen. Durchzuatmen. Das war eine wichtige Phase.

ANDREAS // Mir ging es nach der Scheidung ähnlich. Ich bin aus unserem Haus, in dessen Bau ich sehr viel Zeit und Kraft investiert hatte, in eine Mietwohnung umgezogen. Mir war wichtig, dass meine Kinder – auch wenn die Jüngsten schon fast 16 waren – mit ihrer Mutter im gewohnten Umfeld bleiben konnten, damit sie nicht zusätzlich zur Trennung der Eltern eine doppelte Belastungserfahrung machen. Aber es hat mir so gefehlt: die Schulbrote schmieren, die Gespräche am Abendbrottisch, das Gewusel am Wochenende! Das alles plötzlich nicht mehr mitzuerleben, tat richtig weh.

Mir ist wichtig festzuhalten, dass es nicht defizitär ist, allein zu leben. Keine Partnerin oder keinen Partner zu haben, bedeutet ja nicht, dass ein Mensch einsam ist. Es gibt Menschen, die sich in einer Partnerschaft einsam fühlen. Und es gibt Menschen, die allein leben und ein Gefühl der Einsamkeit nicht kennen, weil sie eingebunden sind in vielfältige, liebevolle und kreative Beziehungen.

Das sehe ich auch so. Und deshalb bin ich froh, die Erfahrung gemacht zu haben, allein zu leben. Du sortierst in einer solchen Situation, was dir wichtig ist, wer dir etwas bedeutet, wie du leben willst. Wenn Menschen sich sofort nach einer Trennung in die nächste Beziehung stürzen, weichen sie solchen Fragen auch aus.

Und dabei sind die Situationen sehr unterschiedlich. Einige haben sich schon vor einiger Zeit vom Lebenspartner, der Lebenspartnerin getrennt, Beziehungen sind gescheitert, Ehen auseinandergegangen. Manche trauern um einen verstorbenen Partner oder eine Partnerin. Andere hatten auch noch nie eine längere Beziehung. Aber viele sagen, sie hätten halt doch gern einen Partner, eine Partnerin.

Die Sehnsucht nach einem Menschen an seiner Seite ist oftmals da – aber es fehlt der Mut, es noch einmal zu wagen. Sich auf die Suche zu machen, jemanden anzusprechen. Eine Kontaktanzeige zu schalten. Oder in einem Internetforum ein Profil zu platzieren, um damit hoffentlich eine Beziehung anzubahnen.

Als ich mich nach meiner Scheidung im Internet nach Kontaktbörsen umsah, waren die Möglichkeiten sehr überschaubar. Zudem galt es als anrüchig – jedenfalls nach meiner Einschätzung – über das Internet eine Partnerin bzw. einen Partner zu suchen. In meinem Umfeld habe ich jedenfalls damals niemandem davon erzählt. Irgendwie war mir das alles ein bisschen peinlich. Dabei ist es doch eigentlich eine geniale Erfindung, überlegte ich, eine Partnerin nach Wunsch aussuchen zu können. Wenn man schon im Vorfeld viel über sein Gegenüber weiß, kann ja nichts schiefgehen, dachte ich. Tatsächlich hatte ich eine Liste der Eigenschaften im Kopf, die meine neue Lebensgefährtin auf jeden Fall haben sollte. Aber wenn ich dann die entsprechenden Internetseiten aufsuchte, überkam mich anfangs ein sehr mulmiges Gefühl. Wie früher im Quelle-Katalog blätterte ich die Seiten durch auf der Suche nach dem richtigen Angebot. Alle, die dort zu sehen waren, hatten das gleiche Ziel: jemanden kennenlernen. Doch konnte das überhaupt funktionieren?

Wenn ich mich an die früheren Zeiten erinnere, war es so, dass es einen ersten Auslöser für ein Interesse an einer Person gab, etwa im beruflichen oder privaten Umfeld. Und dann hat man sich nach und nach immer öfter gesehen. So hat sich eine Beziehung entwickelt. Aber wo begegnen sich Menschen, die beruflich eher isoliert arbeiten und keine Zeit haben, in Klubs zu gehen, überhaupt noch?

In den letzten Jahren hat sich die Online-Partnersuche etabliert und wird von der jüngeren Generation verstärkt als Medium genutzt, um jemanden kennenzulernen. Mittlerweile rümpft keiner mehr die Nase, wenn man erzählt, dass man im Internet auf Partnersuche ist. Und das ist gut so.

Es gibt inzwischen eine schier unüberschaubare Anzahl an Datingportalen. Und es ist von vornherein klar, dass beide eine Beziehung suchen. Man wird also als Erstes ein Paar, danach lernt man sich gegenseitig kennen und vielleicht auch lieben.

Bald hatte ich meinen ersten Termin, mein erstes Date. Obwohl ich mich mit der Frau, die ich treffen wollte, im Vorfeld ausführlich schriftlich ausgetauscht hatte, ging ich mit reichlich Herzklopfen zu dieser Verabredung. Unser Gespräch in einem Café blieb oberflächlich. Ich merkte schnell, dass hier zwei total unterschiedliche Lebenswelten aufeinandertrafen und nicht ein einziger Funke übersprang. Uns beiden war klar, dass es kein zweites Treffen geben würde.

Entscheidend sind eben nicht die Lebensumstände und die Frage, ob bestimmte Eigenschaften zueinanderpassen, sondern die Sympathie, die zwei Menschen füreinander empfinden, oder eben nicht. Dabei spielen viele Faktoren eine wichtige Rolle, die mehrheitlich im Unbewussten ablaufen, denke ich. Diese Begegnung war jedenfalls sehr ernüchternd.

Es folgten weitere Versuche, die ebenfalls nicht gelingen wollten. Waren meine Ansprüche zu hoch, war ich zu unflexibel? Wollte ich die perfekte Frau finden, die es nicht gab? Oder war ich nicht attraktiv? Meine Suche nach einer neuen Beziehung zog sich in die Länge, und ich verlor immer mehr die Lust, hierfür Wochenenden zu opfern. Kurz bevor ich meine Online-Aktivitäten in Sachen Partnersuche aufgeben wollte, lernte ich dann doch noch eine sympathische Frau kennen, mit der ich dann einige Zeit zusammen war. Eine langfristige Beziehung wurde daraus jedoch nicht.

Damals gab es meines Wissens auch noch keine Partnervermittlung, die versuchte, anhand von Algorithmen den geeigneten Partner zu finden. Dabei werden Eigenschaften, Gewohnheiten, Hobbys, Interessen etc. auf Gemeinsamkeiten überprüft und dem- bzw. derjenigen eine Auswahl potenzieller KandidatInnen vorgeschlagen – ein sogenanntes Matching-Verfahren. Je mehr Übereinstimmungen, umso mehr Matching-Punkte. Mir kam die Frage, ob ich über ein solches Verfahren jemals hätte Margot treffen können? Ich denke: Nein. Eine Theologin und ein Ingenieur, da würden wir wahrscheinlich bei jedem Algorithmus sofort durch das Raster fallen.

Ich finde gut, dass du das erzählst. Auf die Idee, über ein Datingportal nach einem Partner zu suchen, wäre ich nicht gekommen. Aber ich finde auch nichts Despektierliches daran. Noch früher war es Leuten peinlich, wenn Sie sich über eine Annonce in der *ZEIT* kennengelernt hatten. Das würde heute als äußerst seriös angesehen, denke ich. Allerdings habe ich bei Freundinnen erlebt, dass sie irgendwann verzagen, wenn sie merken: Der »Marktwert« hängt doch stark am Alter. Männer in ihrem Alter suchen 20 Jahre jüngere Frauen. Oder erklären, sie seien 60, und beim Treffen wird klar, der Mann ist 75. Irgendwann hast du dann wahrscheinlich keine Lust mehr, dich noch mal mit jemandem zu treffen. Ich bin jedenfalls viel zu ungeduldig für so einen Weg, denke ich. Insofern bin ich froh, dass wir uns einfach so wieder begegnet sind.

Ich fände es auch belastend, jemanden zu treffen und schon zu wissen: Wir suchen beide nach einer Beziehung. Wenn solche Begegnungen eher zufällig im Arbeitsumfeld, im Chor oder bei Bekannten stattfinden, ist das doch entspannter. Aber ich würde einigen wünschen, es einfach mal zu wagen, einen ersten Schritt zu machen. Die Enttäuschung über eine gescheiterte Beziehung, die Erinnerung an den Schmerz, der mit einer Trennung einherging, schlechte Erfahrungen sollten kein Bremsklotz sein.

Unmittelbar nach meiner Scheidung dachte ich, ich müsste möglichst schnell wieder eine Beziehung eingehen, um die »Schmach« oder auch den »Makel« der Scheidung zu überwinden. Da habe ich durchaus mal überlegt, ob der eine oder andere Mann für mich als Partner infrage käme. Irgendwann dachte ich aber, dass ich inzwischen doch zu eigen wäre, um mich noch einmal auf einen anderen Menschen einzustellen.

Und da ist ja etwas dran. Andreas und ich haben festgestellt: Wer sich in unserem Alter noch einmal auf eine Beziehung einlässt, braucht ein gerüttelt Maß an Toleranz gegenüber den Eigenheiten des bzw. der anderen. Wir sind zu alt, um einander ändern zu können, und wollen das auch gar nicht. Wir haben jeder für sich bestimmte Rituale, Gewohnheiten, Vorstellungen vom Alltag. Ich finde es eine wichtige Erfahrung, dass wir uns dennoch darauf einlassen konnten, eine neue Beziehung einzugehen.

Ich weiß, ich lasse die Wäscheklammern immer auf der Leine hängen ...

Genau ;-). Und du packst nach dem Heimkommen tagelang den Koffer nicht aus. Aber ich denke dann: Ist doch egal, »so what«? Aber wir passen uns natürlich auch an: Ich gehe nicht mehr mit dem Messer ins Marmeladenglas, sondern nehme einen Teelöffel. Deine Begründung, das besser so zu machen, hat mir eingeleuchtet. Und ich stelle inzwischen wie du den Timer, wenn der Teebeutel im Wasser zieht. Hätte ich früher nie gemacht. Du isst jetzt Herzhaftes zum Frühstück, und ich trinke den Kaffee ohne Milch. Manchmal muss ich schon lachen, das ist ja eine typische Anpassung von Paaren im Alter.

Wir sind halt noch lernfähig im Alter. Und andererseits vielleicht toleranter. Ich wünschte, mehr Menschen würden einfach eine neue Beziehung wagen, statt abzuwägen, ob es genügend »Matchingpoints« (Übereinstimmungen) gibt. Ein bisschen Veränderung tut ja auch gut.

Es ist schön, in einer Beziehung zu leben, mir tut es gut. Und es ist ja auch lustig anzuschauen, wie neue Rituale entstehen. Du holst die Brötchen, ich nie. Auf dem Weg nach Usedom stoppen wir immer an genau derselben Raststätte und wechseln uns mit dem Fahren ab. Aber ich bleibe dabei: Du brauchst neben einer Partnerschaft auch Freundinnen und Freunde, Beziehungen zur gesamten Familie, Lebensbezüge, Engagement. Auch darin findest du Halt, Liebe, Lebenslust.

MARGOT UND ANDREAS // *Wir sind dankbar, im Alter eher durch Zufall wieder zueinander gefunden zu haben. Wir erleben, dass Annäherung auch Toleranz braucht. Und Freiheit zur Veränderung – nicht aufgrund von Druck, sondern weil neue, gemeinsame Formen entwickelt werden. Es lohnt, sich auf den Weg zu machen und eine neue Partnerschaft zu wagen. Dazu würden wir andere gern ermutigen.*

Wir sind als Paar auch gerne mit Freundinnen und Freunden zusammen, die allein leben. Es tut einfach gut, sich zu treffen, ob zu zweit, zu dritt, zu viert. Vielfältige Beziehungen zu leben, mit Freundinnen und Freunden, mit der Familie, auch über Generationengrenzen hinweg, das ist entscheidend, gerade wenn wir alt werden. Unsere Familien spielen für uns eine besondere Rolle. Und uns ist klar geworden, wie wichtig es ist, dass die neue Partnerschaft auch für die anderen stimmig ist. Es wäre sicher schwierig, wenn die eigenen Kinder den neuen Partner oder die neue Partnerin nicht mögen, gar ablehnen.

WAS BEZIEHUNG TRÄGT

MARGOT UND ANDREAS // *Wir haben uns gefragt, warum es für uns nicht nur ein unverhofftes schönes Wiedersehen war, sondern daraus eine inzwischen jahrelange Partnerschaft geworden ist.*

Natürlich ist die erste Liebe etwas ganz Besonderes, wohl jeder Mensch erinnert sich daran. Das schlägt sich ja beispielsweise auch in Songs nieder wie »Sie war meine erste Liebe« von Roger Cicero oder »Du entschuldige, i kenn di« von Peter Cornelius. Wahrscheinlich liegt das daran, dass wir noch nie zuvor derartige Gefühle hatten. Das schafft eine lebenslange Verbindung durch die gemeinsame positive Erinnerung.

Beim Nachdenken über unser neues Miteinander haben wir entdeckt, dass wir bei Weitem nicht die Einzigen sind, die nach vielen Jahren wieder zusammenfanden. »Rekindling« – »neu entfachen« – ist in den USA geradezu ein Trend, bei dem gezielt nach der Jugendliebe gesucht wird. Die Möglichkeiten der neuen Medien begünstigen das natürlich. Aber dass eine dauerhafte Beziehung neu wachsen kann, ist nicht selbstverständlich. Wenn sie allerdings entsteht, erweist sie sich als sehr stabil. Heiraten alte Jugendlieben in zweiter Ehe, so sind diese Ehen wesentlich stabiler als andere Ehen von Menschen, die vorher schon einmal verheiratet waren – das haben wissenschaftliche Untersuchungen gezeigt (z. B. die Studien von Nancy Kalish).

Es gibt ein Sprichwort: »Spinat und alte Liebe soll man nicht aufwärmen!« Und ja, Jugendliebe wird im Rückblick manchmal sicher überhöht oder romantisiert. Das war bei uns nicht der Fall. Wenn wir an unsere erste gemeinsame Zeit in der Jugend denken, geht es um Erinnerungen, die uns lächeln lassen. Etwa wenn wir an die Jugendfreizeiten am Edersee denken, die unsere Kirchengemeinde damals organisiert hat. Daran haben wir so viele positive Erinnerungen! Dabei war nach heutigen Maßstäben alles sehr einfach: Eine schlichte Jugendherberge mit Vierbettzimmern. Zum Frühstück gab es die legendäre Erdbeermarmelade, die immer gleich schmeckte. Gerne denken wir an das Schwimmen im See – einmal sogar ziemlich waghalsig bis zum anderen Ufer – oder an lange Ausflüge zu Fuß bis zur Sperrmauer. Die Schatzsuche im Wald war spannend. Oder es gab kleine Streiche, wie üblich, mit Zahnpasta unter der Türklinke. Heimlich haben wir in der Gondel hoch zur Burg Waldeck Händchen gehalten.

Etwa in der Mitte einer zweiwöchigen Freizeit kamen in einem Sommer unsere Eltern zu Besuch – Margots Vater und Andreas' Mutter – und luden uns zum Eisessen ein, was für ein unvergessliches Highlight!

Die gemeinsame Zeit am Edersee ist für uns im Rückblick eine rundherum schöne Erfahrung. Es muss nicht Mallorca, es müssen nicht die Malediven sein, um Schönes miteinander zu erleben. Ein Glücksgefühl kann auch ganz einfach daherkommen. »The best things in life are the simple things«, singt Joe Cocker – die besten Dinge im Leben sind die einfachen. Für die Kinder von Andreas gibt es einen geradezu geflügel-

ten Satz: »Man könnte auch am Edersee Urlaub machen!« Mit seinem Bruder hat er tatsächlich einmal eine Radtour dorthin gemacht – 70 Kilometer ohne Gangschaltung! Die beiden können heute noch darüber lachen.

Prompt sind wir im ersten Jahr, in dem wir wieder zusammen waren, an den Edersee gefahren, an derselben Stelle geschwommen wie damals, dann mit der Seilbahn hoch zur Burg. Und als seine Kinder Andreas zum 60. Geburtstag eine Tagesfahrt mit einem Jaguar E – seinem Traumfahrzeug – geschenkt haben, sind wir mit dem Gefährt natürlich auch zum Edersee gefahren. Das Lustige an der Geschichte ist: Der Jaguar war laut, roch nach Benzin und ließ sich schwer lenken – das war derart anstrengend, dass Andreas, als wir wieder in seinem Peugeot nach Hause fuhren, meinte, dieser kleine Wagen sei doch nun wirklich ein wunderbares Auto.

Wir denken auch gerne gemeinsam zurück an unsere 15. Geburtstage und die Jahreswechsel 1972 und 1973, an denen wir Silvester mit anderen zusammen gefeiert haben. Dass wir unsere 60. Geburtstage auch zusammen feiern würden – wer hätte das gedacht? Und all die Silvester der letzten Jahre, ob in Berlin, Hannover, Gießen oder auf Usedom!

Es geht uns nicht um ein Romantisieren der Vergangenheit, sondern eher um ein gutes Erinnern, ein dankbares Anknüpfen über Jahre hinweg. Und auch ein Staunen, wie die Welt sich verändert hat. Wie stolz waren wir, als wir das erste Mal ein »Kofferradio« zum Grillen mitnehmen konnten zur Geburtstagsfeier auf die »Maiglöckchenwiese«! Heute wird einfach mit Spotify ein Lied gesucht, gefunden, gespielt. Und die heimlichen Treffen an der Südschule, sie waren so besonders. Wir haben uns mittwochs bei der Probe des Po-

saunenchors einen Zettel zugesteckt: »Samstag Südschule 15 Uhr«. Dann wurde ja oder nein angekreuzt. Und wir haben alles darangesetzt, pünktlich dort zu sein. Heute sind alle ständig erreichbar. Da wird kurzfristig umdisponiert.

Auch die Wege von der Südschule zur Maiglöckchenwiese sind wir alle noch einmal abgelaufen. Sie kam uns wesentlich kleiner vor als damals, diese Welt unserer Jugend.

Andreas schrieb in seiner allerersten Mail nach dem kurzen Wiedersehen in Gießen: »Je älter ich werde, desto mehr nehmen die Gedanken an die eigene Kindheit und Jugend zu. Womöglich lässt sich das damit erklären, dass diese Zeit die tiefsten emotionalen Spuren hinterlässt. So denke auch ich manchmal an unsere gemeinsame Zeit zurück. Dabei kommen mir immer wieder dieselben Bilder in den Sinn. Deine Erinnerungen an diese Zeit sehen womöglich ganz anders aus. Mich würde interessieren, wie.«

Wir haben uns vorsichtig an diese Erinnerungen herangetastet – es waren dieselben oder sagen wir, sie waren sehr ähnlich. Das Verliebtsein, das erste vorsichtige Händchenhalten, der erste heimliche Kuss. Bestimmte Orte, Ereignisse, Menschen, mit denen wir damals vertraut waren. Gegenseitig haben wir uns an das eine oder andere erinnert. Wir konnten an die Gefühle von damals anknüpfen, weil wir uns immer noch mögen. So können wir heute auch mit einem Lächeln vom Ende der Beziehung damals erzählen. Dass es eines Tages »aus« zwischen uns war. Und ich, Margot, war schuld, weil ich mich in einen anderen verliebt habe. Kurz darauf bin ich in die USA gegangen. Und der Faden ist schlicht abgerissen – für 40 Jahre ...

Aber es war ohnehin absolut unwahrscheinlich, dass wir zusammengeblieben wären. Es ist sehr selten, dass die erste

Liebe Bestand hat. Dass solche jungen Verbindungen zu Ehe und Familie führen. Wenn es so ist, dann ist das etwas ganz Besonderes – einige wenige Paare kennen wir. Es ist ein großes Geschenk, wenn das möglich ist und beide von Jugend an zusammenbleiben.

Wenn wir uns fragen, warum unsere Beziehung tragfähig werden konnte, kommen wir zu dem Schluss: Es sind die gleichen Wertvorstellungen, die unser neues Miteinander ermöglichen. Die Verbundenheit mit Kirche und Glaube, das soziale Umfeld, die Herkunft haben dazu geführt, dass wir – ohne voneinander zu wissen – sehr ähnliche Leben gelebt haben: Studium, frühe Heirat, vier Kinder. Auch unsere weniger schönen Lebenserfahrungen haben Parallelen: Wir haben beide früh den Vater verloren, unsere Ehen wurden nach 26 Jahren geschieden. Und wir haben uns für die gleichen Themen interessiert, uns an ähnlichen Stellen engagiert: in der Friedensbewegung und für Themen der »Dritten Welt«, für Gerechtigkeit und die Bewahrung der Schöpfung. Beide waren wir kirchlich stark engagiert. All das hat uns beide bewegt und geprägt.

Ähnliche Lebenserfahrungen und Einstellungen verbinden. Die gemeinsame Herkunft schafft Vertrauen. Wir kennen uns.

Natürlich haben 40 Jahre uns verändert. Aber was wir damals aneinander mochten und geschätzt haben, mögen und schätzen wir auch heute. Wir wissen um die Kostbarkeit einer gelingenden Beziehung – und wir wissen, wie fragil das Leben ist. Deshalb ist die gegenseitige Wertschätzung wohl noch stärker geworden. Und die Lebenserfahrung hat uns gelehrt: Es tut einer Beziehung nicht gut, wenn einer den ande-

ren verändern will. Wir tun gut daran, uns so zu respektieren, wie wir sind.

Für unsere erneuerte Beziehung ist natürlich hilfreich, dass wir beide frei und unabhängig sind. Unsere Ehen waren schon lange geschieden, als wir uns wiedergesehen haben. Unsere Kinder sind erwachsen und selbstständig. So konnten wir unbelastet eine neue Partnerschaft beginnen.

Viele Partnerschaften haben es schwerer, weil noch Schulkinder im Haus sind, Auseinandersetzungen mit dem anderen Elternteil um das Sorgerecht die neue Beziehung belasten. Es ist dann vor allem für die Kinder schwer, auf deren Rücken die Auseinandersetzungen der Eltern leider viel zu oft ausgetragen werden. Aber es wirkt sich natürlich auch auf die neue Partnerschaft aus, wenn alte Beziehungskonflikte im aktuellen Alltag präsent sind.

Als wir uns wiedergetroffen haben, waren wir beide in der Endphase unserer Berufstätigkeit. Inzwischen sind wir im Ruhestand, was das Miteinander einfacher macht. In großer Freiheit überlegen zu können: Die nächsten zwei Wochen sind wir auf Usedom, anschließend in Hannover, danach in Gießen, dann einige Tage getrennt. Die gemeinsame Zeit will geplant sein, wir haben ja wie gesagt je unsere eigene Wohnung behalten. Wenn wir einander zu einer Veranstaltung begleiten möchten, ist das manchmal eine organisatorische Herausforderung – einfach weil uns drei Stunden Auto- oder Zugfahrt trennen. Aber es ist eben auch ein Privileg, dass wir die Freiheit haben, unser Leben so zu gestalten.

Sich wieder zu treffen, ist schön. Aber damit es eine verlässliche und vertrauensvolle neue Partnerschaft wird, braucht es mehr als Erinnerungen oder Sympathie. Es stimmt sicher, bei Parship oder einer anderen Internet-Plattform für die Partnersuche hätten wir wahrscheinlich gar nicht genug »Matchingpoints« gehabt. Ein Ingenieur und eine Theologin, er interessiert sich für Technik und Fußball, sie für die Frauenbewegung und die Bedeutung der Reformation. Sie war lange Zeit sehr präsent in der Öffentlichkeit, er ist eher ein ruhiger, zurückhaltender Typ. Das passt auf den ersten Blick überhaupt nicht zusammen. Aber wir haben auf den zweiten Blick vieles gemeinsam, auch über die gemeinsame Vergangenheit hinaus: Beide bewegen wir uns gern, joggen zusammen oder gehen spazieren. Einmal am Tag wollen wir raus an die frische Luft. Gerne gehen wir ins Kino und ins Theater. Und wir lieben es, gemeinsam Zeit auf Usedom zu verbringen. Das ist unser Ort geworden, an dem wir viel, viel Zeit verbringen, Ruhe haben, lesen, reden, die Insel immer wieder neu entdecken, uns gern mit Nachbarn treffen, »zu Hause« sind. Die Gespräche mit den »Alteingesessenen« sind immer spannend. Vielleicht wohnen wir eines Tages gemeinsam auf Usedom? Dann, wenn die Enkel alt genug sind, uns selbstständig zu besuchen und nicht mehr auf den Besuch von uns warten.

Es ist ein besonderes Glück, dass wir beide die Natur so schätzen und so gern auf der Insel sind. Gerade im Winter sind die Tage still auf Usedom. Und wir wissen es wertzuschätzen, diesen Ort zu haben. Alle unsere Kinder kommen gern, auch Freundinnen und Freunde. Aber oft sind wir einfach nur zu zweit. Margot schreibt, Andreas spielt Posaune, wir lesen, reden über Bücher, Gott und die Welt und laufen lange Strecken durch Buchenwald und Sand. Die Natur so dicht erleben zu dürfen, ist großartig. Von den Schneeskulpturen, die entstehen, bis zur Algenplage ...

Uns verbinden auch biblische Geschichten. Wir kennen beide so viele. Da kann es sein, dass wir bei einem Spaziergang darüber diskutieren, was denn in der Moseerzählung entscheidend ist. Das Kindheitsdrama? Der brennende Dornbusch? Oder nicht doch vor allem dieser Weg in die Freiheit – die Hoffnung auf das Gelobte Land? Wir teilen die Liebe zu den Gleichnissen Jesu. Dass der Sohn, der in die Irre gegangen ist, so voller Liebe wieder aufgenommen wird, das können wir als Eltern auch 2000 Jahre später noch nachvollziehen. Und dass Gottes Liebe der Liebe von Eltern entspricht, ist anrührend. Oder die Seligpreisungen – was für ein Kontrastprogramm: Selig sind, die reinen Herzens sind. Selig sind, die Frieden stiften. Das sind weise Sätze, Ermutigungen durch den Glauben, beeindruckende Erzählungen, prägende Texte, die wir teilen.

*

Im ersten Corona-Lockdown durften wir nicht nach Usedom, wie wir es eigentlich schon länger geplant hatten. Wir waren gerade in Gießen, Margot wollte in Mainz Enkel hüten, Andreas wartete auf den Sohn, der aus den USA zurückkam. Dann kam die Frage: Was nun? Wir sind zusammen nach Hannover gefahren, nicht wissend, dass es sechs Wochen zu zweit werden würden. Und siehe da, es entwickelte sich Neues: Margot fing an, wieder Hausmannskost zu kochen. Andreas hat für ein gemeinsames Projekt seine Fotos sortiert und Texten von Margot zugeordnet. Wir haben einige der »zwanzig schönsten Wanderungen rund um Hanno-

ver« ausprobiert und auch dabei Neues entdeckt. Unerwartet, aber wohltuend. In der Zeit ist ein Buch entstanden: »Stärkende Stille«. Es passte zur Zeit. Stille als wohltuende Kraft. Als Herausforderung. Als Belastung. Es war eine merkwürdige Zeit, aber auch eine gute. Zeit zu zweit. Dabei war uns sehr bewusst, wie belastend diese Wochen für andere waren: für Menschen, die ihren Liebsten nicht die Hand halten konnten beim Sterben, für Alte, die verzagten, weil niemand sie besuchen durfte, für belastete Familien, überlastete Pflegekräfte und für alle, die um ihre Existenz bangen mussten. Margot hat viele Seelsorgegespräche geführt und in ihrer Zeitungskolumne die Belastungen immer wieder thematisiert.

*

Sosehr wir gemeinsame Zeit genießen, sind wir beide weiterhin auch gern mal für uns allein und können uns gegenseitig loslassen. Das ist wichtig. Wir müssen nicht ständig zusammen sein. Wenn es aber mehr als zwei Wochen werden, die wir getrennt sind, dann merken wir: Das reicht jetzt! Dazu kommt es aber in der Regel gar nicht. Klar, wir sind immer wieder am Planen, aber meist langfristig. Die drei Monate, die wir durchschnittlich jedes Jahr auf Usedom verbringen, sind lange im Voraus festgelegt. Dann gibt es Zeiten in Gießen und in Hannover, die sich abwechseln. Und ab und an steht etwas ganz anderes an.

Beispielsweise hatte ich in Füssen einen Preis erhalten und war so begeistert von der Landschaft dort, die ich bis dahin gar nicht kannte. Kurz entschlossen haben wir einen Wander-

urlaub für zwei gebucht: vom Königssee zum Chiemsee. Gut, nicht genau Allgäu, aber immerhin. Das war großartig. Wir sind jeden Tag 20 bis 25 Kilometer gewandert, kamen nachmittags in der nächsten Unterkunft an, und unser Gepäck war bereits dort. Meist haben wir den ganzen Tag keinen einzigen Menschen getroffen. Wir haben miteinander geredet und miteinander geschwiegen, die Natur genossen und waren einfach glücklich mit dieser Mischung aus Natur, Bewegung und Erleben.

Auch eine Reise nach Portugal haben wir unternommen. Was für ein wunderbares Land, wie wenig wussten wir eigentlich darüber! Auf Madeira haben wir einen Urlaub verbracht, auch dort mit vielen Wanderungen entlang der Levadas, den vor Generationen geschaffenen Bewässerungskanälen auf der Insel. Prag war uns eine Reise wert, und wir haben diese beeindruckende Stadt gemeinsam erkundet. Den Spuren von Jan Hus zu folgen, war uns wichtig, aber auch die Schönheit der Stadt heute.

Andreas war bislang noch nie in New York. Und so haben wir einen seiner Geburtstage dort gefeiert. Es war eiskalt im Februar, aber eine Entdeckung. Kleine italienische Restaurants, ein Jazzklub, schöne Momente. Aber auch das Erinnern an die Geflüchteten aus Europa, die sich Ende des 19. Jahrhunderts in der Hoffnung auf Zuflucht auf den Weg nach Amerika gemacht hatten.

Wir würden gern noch durch Masuren radeln. Oder in Portugal wandern. Gerne auch in Kroatien. Wenn es möglich ist, dann ist es eine schöne gemeinsame Erfahrung. Wenn es nicht möglich ist, sind wir dankbar, nach Usedom fahren zu dürfen, auch das ist ja ein Privileg. Gemeinsam reisen macht uns Freude. Aber es muss für uns nicht sein. Wir achten durchaus darauf, was ethisch vertretbar ist. In ein Land als Tourist zu reisen, in dem Menschen in tiefster Armut leben, können wir uns nicht vorstellen.

*

Wir haben uns nicht spontan dafür entschieden, in unserem Alter ein Paar zu werden. Wenn es irgendwo heißt, ein Paar habe nach drei Monaten geheiratet, scheint uns das eher befremdlich. Es war ein längerer Weg, für den wir uns Zeit gelassen haben. Sich noch einmal zu binden, das haben wir uns gut überlegt. Aber die alte Vertrautheit und Zuneigung waren schnell wieder da. Vielleicht drückt das dieses bekannte Sprichwort »Alte Liebe rostet nicht« aus. Wir sind dankbar dafür, zurück zu diesem alten Glück gefunden zu haben.

Familie hat für uns beide einen hohen Stellenwert. Da sind wir bei denen, die sich konservativ nennen. Ja, das wollen wir bewahren, dass Generationen füreinander einstehen. Und wir halten Familie für einen großartigen Lebensentwurf, in welcher Konstellation sie auch daherkommt. Wir sind dankbar, Kinder zu haben und Großeltern sein zu können. Denn wir wissen auch, dass viele keinen Partner finden, nicht Eltern werden können.

Auf die Zeit der Familiengründung mit unseren damaligen Ehepartnern blicken wir gerne zurück. Wir alle wollten das: Eltern werden. Und es war ein Glück, ein Segen, dass das möglich war. Mit acht erwachsenen Kindern, sieben Enkeln und der Aussicht auf mehr bleibt das Leben auch lebendig.

Ebenso ist uns beiden soziales Engagement wichtig. Es geht darum, dass die Starken für die Schwachen einstehen. Wir nicht für uns allein leben, sondern unsere Gaben entsprechend den Kräften, die wir haben, in die Gesellschaft einbringen. Die Bewahrung der Schöpfung war und ist für uns bedeutsam, ebenso wie andere gesellschaftliche Themen, die wir aus einer christlichen Perspektive wahrgenommen haben.

Im Laufe der Jahre haben wir immer wieder – fast erstaunt – Gemeinsames entdeckt. Etwa die Befreiungstheologie, die uns beide bewegt hat. Leonardo Boff und Ernesto Cardenal haben wir gelesen, waren schockiert über den Mord an Bischof Romero. Margot war bei einer Reise an seinem Grab in El Salvador, Andreas war in der Pax-Christi-Gruppe in Kassel engagiert und hat später mit anderen eine Basisgemeinde in Wetzlar zu gründen versucht.

Wie sehr uns unsere christliche Prägung beeinflusst, wird uns immer wieder bewusst. Bestimmte biblische Erzählungen oder Verse haben für uns beide wie gesagt eine besondere Bedeutung. Als wir gemeinsam zwei Wochen durch Israel gereist sind, haben wir vieles neu entdeckt. Wir konnten darüber staunen, wie klein die Welt eigentlich war, in der Jesus gelebt hat. Ein junger Mann aus einfachen Verhältnissen bewegt bis heute Menschen in aller Welt! Das ist doch erstaunlich.
    Eine Station war ein Kibbuz am See Genezareth. Da war eine tiefe Ruhe. Und wir haben nachempfunden, wie es wohl damals war. Die Boote. Die Fischer.
    Natürlich war auch die Zerrissenheit des Landes präsent, mit all den Checkpoints, dem Hin und Her zwischen Gaza, dem Westjordanland und Israel. Wir erinnern uns daran,

dass der junge arabische Fahrer, Jamal, so sympathisch war, wir mochten ihn gern. An einem Tag kam es zwischen ihm und dem jüdischen Fremdenführer zu einem heftigen verbalen Schlagabtausch. Beide waren auf ihre Weise wunderbare Menschen. Aber die Konfliktsituation konnte jeden Moment präsent werden und explodieren selbst in diesem kleinen Setting. Wie nur kann da eine große Friedensperspektive entstehen? Alle Menschen sind doch am Ende friedliebend, wollen mit ihren Familien in Sicherheit leben, ihre Kinder zur Schule schicken. Wie soll Frieden werden?

Im Toten Meer haben wir alle viere ausgestreckt, fanden das Ganze aber nicht wirklich beeindruckend. Es war allzu touristisch aufgemacht. Auf der Festung Masada haben wir bestaunt, wie mutig und kreativ der Widerstand vor so langer Zeit war. Heute fährt man mit einer Art Fahrstuhl hinauf. Als ich, Margot, 1978 dort war, mussten wir noch mühsam klettern. Wir sind eingetaucht in diese unglaublich beeindruckende Stadt Jerusalem – und in das so moderne Tel Aviv. Die gesamte Israel-Reise war eine besondere gemeinsame Erfahrung – auch weil alle Orte mit biblischen Erzählungen zusammenhängen. Und über manches haben wir uns amüsiert und gemeinsam gelacht, beispielsweise als der Reiseführer sehr, sehr ernst erklärte: Dieser Baum sei garantiert und nachweislich exakt der, auf dem Zachäus der Zöllner saß, als Jesus vorbeikam.

Überhaupt können wir gut zusammen lachen – uns am Leben freuen. Und uns sind als Paar in den vergangenen Jahren noch nie die Themen am Frühstückstisch ausgegangen. Dazu passt die Geschichte von den Brötchenhälften: Viele Jahre lang kam es beim Frühstück eines Paares zu der immer glei-

chen Szene: Wenn der Mann das Brötchen aufschnitt, gab er seiner Frau immer die obere Hälfte in dem Glauben, sie würde diese am liebsten mögen. Die untere Hälfte nahm sich der Mann, obwohl er lieber die obere gehabt hätte. Aber seiner Frau zuliebe verzichtete er gerne auf die obere Hälfte. Die Frau hingegen dachte, er nimmt sich immer die untere Hälfte, weil er diese am liebsten mag. Sie gönnte es ihm, obwohl ihr die untere Hälfte lieber gewesen wäre. Dann kam es zu einem Streit zwischen den beiden über einen nichtigen Anlass. In dieser Auseinandersetzung sagte der Mann: Ich will doch immer nur das Beste für dich. Selbst beim Brötchenteilen gebe ich dir stets die obere Hälfte, weil ich weiß, dass du die so sehr magst, obwohl ich die eigentlich viel lieber hätte. Aber das stimmt doch gar nicht, sagte seine Frau daraufhin, ich verzichte doch immer auf die untere Hälfte, nur für dich.

Es taten beide aus Liebe genau das Verkehrte. Eine einfache Frage, oder ein Gespräch darüber hätte die Angelegenheit leicht aufklären können. Da uns die Geschichte bekannt ist, teilen wir unsere Brötchen immer senkrecht :)

Was überhaupt ist Glück? Manchmal sagen wir, es ist schlicht Glück, Zeit zu haben. Nicht unter Druck zu stehen. Glück zu fühlen, weil es jetzt gerade so schön ist, in diesem Moment, auf dieser Wanderung, angesichts dieses Ausblicks. Glück, das ist auch Zufriedenheit, Dankbarkeit, Demut. Auf jeden Fall ist klar: Glück lässt sich nicht kaufen. Auch eine Reise nach Israel oder Portugal garantiert kein Glück. Wir können dankbar sein, wenn sie möglich ist.

Glücklich macht aber auch, für andere da zu sein, etwas einbringen zu können in die Gesellschaft, für das Miteinander. Ob das eine Predigt ist oder ein Clownauftritt, ein Vor-

trag oder eine Märchenaufführung in einer Kita. Uns ist im Altwerden klarer als früher, dass Glück nicht im Nehmen liegt, sondern im Geben. »*Von allem, was ich besaß, blieb mir nur das Verschenkte*«, *schrieb die Dichterin Gertrud von le Fort schon im letzten Jahrhundert. So einen Satz sagt der Mensch nicht in jungen Jahren, sondern das ist Ausdruck von Lebensweisheit und Lebenserfahrung.*

Vielleicht hat die Coronakrise uns alle das ja gelehrt: Dankbarkeit. Etwa für den Besuch in einem Restaurant. Die Möglichkeit, ein Familienfest zu feiern. Die Freude an einer spontanen Verabredung. Das sind kleine Dinge, gewiss. Aber sie beglücken uns. Wie bitter uns Begegnungen fehlen können, das haben wir gelernt. Spontaneität haben wir vermisst in Corona-Zeiten. Es bleibt zu hoffen, dass die Dankbarkeit für den Alltag bleibt und auch Demut. Weil wir in der Krise erlebt haben, wie brüchig unser Leben ist. Und Normalität wird dann zum Sehnsuchtsthema. Wer hätte gedacht, dass Schülerinnen und Schüler nichts lieber wollen, als wieder zur Schule zu gehen. Dass ein Besuch bei Freunden zum Hoffnungsbild wird. Ein Fest nach langer Zeit endlich möglich wird. Wie haben wir uns gefreut, als wir nach Monaten das erste Mal wieder draußen vor der kleinen Pizzeria um die Ecke sitzen konnten. Und der Wirt hat sich auch gefreut!

Wenn diese Krise zu neuer Dankbarkeit führt für den Alltag, den wir in Deutschland leben dürfen, hätte sie irgendwie doch einen Sinn. Wobei wir weit davon entfernt sind, in eine derartige Krise irgendeinen Sinn hineininterpretieren zu wollen. Sie hat so viele belastet – psychisch, in den Beziehungen, mit Blick auf die berufliche Perspektive, das kann und darf niemand kleinreden.

WERTSCHÄTZENDE KOMMUNIKATION

***MARGOT UND ANDREAS** // Wer älter ist, hat Erfahrung in der Kommunikation. Aber auch dann gibt es noch einiges zu lernen. Auch bei uns bestätigt sich, was Binsenweisheit ist: Frauen reden mehr, Männer weniger. Zudem hat unsere Generation nicht wirklich gelernt, Konflikte offen auszutragen. Eher gab es in unserer Erziehung den Druck, zu tun, was die Eltern sagen. Vielleicht gab es auch Rebellion dagegen – aber tief gehende Gespräche über Gefühle, ein offenes Klären von Konflikten, das war eher unbekannt. Auch unsere Eltern hatten das ja schlicht nicht gelernt.*

MARGOT // Auf jeden Fall gehört zu einer guten Beziehung gute Kommunikation. Das musste sich bei uns ja auch erst einspielen.

ANDREAS // Das ist richtig. Aber was ist denn gute Kommunikation?

Ich weiß am Anfang, da habe ich dir manchmal eine WhatsApp-Nachricht geschrieben, auf die hast du tagelang nicht geantwortet. Da war ich enttäuscht oder irritiert. Heute machen wir es so, dass wir uns, wenn wir nicht zusammen sind, zusätzlich zu unseren Telefonaten morgens und abends eine kurze WhatsApp schicken. Ich fand interessant, dass du mal gesagt hast, das dies schlicht gut ist, um zu wissen: der/die andere ist okay, weil wir ja allein leben. Aber sich WhatsApp-Nachrichten zu schicken, ist natürlich nicht gleichzusetzen mit guter Kommunikation, das weiß ich schon.

Gute Kommunikation bedeutet auf jeden Fall Kommunikation auf Augenhöhe, gleichberechtigt.

Natürlich rede ich mehr als du. »Ein Mann ein Wort, eine Frau ein Wörterbuch!« ;-)

Ich kenne in meinem Bekanntenkreis auch zwei, drei Männer, die deutlich mehr reden als ihre Partnerinnen. Aber in der Regel ist es schon so, dass Frauen zumindest im privaten Umfeld mehr reden als Männer. Männer sind im beruflichen Kontext oft kommunikativer als privat. Warum auch immer. Vielleicht, weil sie sich behaupten müssen – oder ihre Rolle als Alphatierchen pflegen wollen? Ich weiß es nicht.

Aber was ist dann gute Kommunikation in einer Paarbeziehung? Geht es darum, Gefühle auszusprechen?

Gefühle aussprechen – das fällt Männern natürlich schwerer als Frauen. Als ich jünger war, habe ich mich regelmäßig mit anderen Männern aus der Nachbarschaft getroffen, um bestimmte Themen miteinander zu besprechen. Unsere Frauen hatten sich schon öfter zum Frauenfrühstück verabredet, das war eine Initiative der Kirche vor Ort. Da dachten wir: Dann können wir uns auch treffen. Es war interessant festzustellen, dass die Männer im Familien- und Eheleben bestimmte Muster in der Kommunikation sehr ähnlich erlebt haben. Da hast du dich gefragt, warum ist das bei mir so? Der Männerkreis war ein gutes Forum, um sich darüber auszutauschen. Wir konnten die Probleme zwar nicht lösen. Aber es war für uns wichtig festzustellen, dass wir mit gewissen Schwierigkeiten nicht allein dastehen. Das hat ein bisschen Erleichterung gebracht.

Hast du dafür ein Beispiel?

Wenn es heißt: »Wir müssten mal den Rasen mähen«, dann ist eigentlich gemeint: »Du müsstest mal den Rasen mähen!« Es ist eindeutig klar, wer gemeint ist, obwohl »wir« gesagt wird.

Das ist interessant. Als ich auf Usedom mal Rasen gemäht habe, hattest du ein schlechtes Gewissen, weil du dachtest, das hättest du machen sollen. Ich mähe den Rasen aber richtig gerne, weil ich dann so schön sehen kann, was ich getan habe, anders als beim Lesen oder Schreiben.

Klar, darüber muss man auch sprechen, weil man dem anderen unterstellt: Das ist vermeintlich so wie immer. Eigentlich hätte sie gerne, dass ich den Rasen mähe. Und wenn ich es nicht mache, gibt es ein Problem. Das Ganze löst sich nur, wenn man wirklich darüber spricht.

Diese Diskussion erinnert mich an ein Buch, das Mitte der 90er-Jahre sowohl von besagtem Frauenkreis als auch von unserem Männerkreis gelesen und besprochen wurde: »Männer sind anders. Frauen auch« von John Gray. Der Autor beschreibt vortrefflich die verschiedenen Verhaltensweisen und auch die Kommunikationsmuster von Männern und Frauen. Es gab damals dazu sogar eine gemeinsame Veranstaltung der Frauen und Männer beider Kreise. Die Erkenntnisse, die man bei einer solchen Lektüre sammelt, sind wichtig und können helfen, die Paarbeziehung glücklicher zu gestalten. Aber meine Erfahrung hat gezeigt, dass es mit einmaligem Lesen nicht getan ist. Einen derartigen Ratgeber sollte man sich immer mal wieder anschauen.

Denn man gelangt schnell wieder ins Fahrwasser alter Verhaltensmuster.

Wir haben uns doch aber eigentlich in den sieben Jahren unseres neuen Miteinanders ganz gut hineingefunden, Missverständnisse oder Irritationen anzusprechen, oder?
Das denke ich auch, da habe ich ein bisschen dazugelernt. Früher habe ich nicht so offen kommuniziert.
Älter und weiser sozusagen.
Genau! Seltsam finde ich es, wenn in einem Restaurant Paare sitzen, die sich offenbar den ganzen Abend nichts zu sagen haben. Dann denke ich, so soll es bei mir bitte nicht sein. Man muss doch auch, selbst wenn man sich lange kennt, noch etwas zum Reden haben! Und sei es, dass man zu irgendeiner Sache eine provozierende These vertritt und darüber diskutiert. Aber so gar nichts zu sagen, das finde ich merkwürdig.
Ja, das ist traurig. Dabei gibt es so viele Themen, über die wir reden können. Manchmal sind es die Bücher, die wir lesen, oder Artikel aus der Tageszeitung, die wir beide abonniert haben, über die wir ins Gespräch kommen. Oder es sind die Kinder, die uns beschäftigen – bei so vielen Kindern und Enkeln passiert ja eigentlich immer etwas.
Gemeinsame Themen finden sich durch gemeinsame Interessen. Das ist für eine Beziehung enorm wichtig. Wenn es die nicht gibt, wird es wirklich schwierig. Dann macht der Mann »sein Ding« in seiner Welt, die Frau in ihrer – und die Schnittmengen sind nicht mehr da. Wie soll da ein Gespräch entstehen? Es ist wichtig, vielseitig interessiert zu sein, auch an dem, was der Partner macht oder die Partnerin. Unterschiedliche Interessen sind ja auch interessant. Man muss nicht die Begeisterung für alles teilen.

Haben wir beide uns eigentlich schon einmal so richtig gestritten?

Gestritten nicht, aber ein Streitgespräch haben wir schon geführt!

Ah, ich erinnere mich!

Das war aber ein inhaltliches Streitgespräch, keines auf der Beziehungsebene. Über manche Themen haben wir schon immer mal wieder gestritten.

Ein Thema war: Kann ich in einer Patientenverfügung vorab festlegen, dass ich sterben will, wenn ich dement bin und akut gar nicht mehr entscheiden kann. Über diese Frage haben wir richtig heftig diskutiert.

Ja, man sollte die Möglichkeit haben, das festzulegen. Das Recht dazu zu haben.

Da bin ich halt anderer Meinung! Weil der demenzkranke Mensch vielleicht ganz gern lebt, obwohl er sich das vorher im Vollbesitz seiner geistigen Kräfte nicht hätte vorstellen können. Die Witwe von Walter Jens hat das einmal ungefähr so ausgedrückt: Als er gesund war, wollte er sterben. Als er krank war, wollte er leben.

Eine Auseinandersetzung bringt uns dazu, die eigene Position noch einmal infrage zu stellen. Das finde ich im Grunde hilfreich. Ich bin noch lernfähig und kann überlegen, ob ich das andere Argument ernst nehme. Auch über »Political Correctness« hatten wir mal einen heftigen Disput!

Ja, da bin ich der Meinung, das mit der »Political Correctness« ist oft wahnsinnig überzogen. Es ging in unserem Gespräch zum Beispiel um den »Negerkönig«, über den Astrid Lindgren in Pippi Langstrumpf geschrieben hat!

Der ist jetzt »Südseekönig«, und das finde ich richtig gut!

Da denke ich echt anders, da finden wir keinen Konsens.

Wie bei »racial profiling« oder »Quotenregelung« oder »Gendersternchen«.

Oh, ja, das macht richtig Spaß, mit dir darüber einen Disput zu führen. Und in einer guten Beziehung können wir doch über solche Themen Streitgespräche führen, ohne den anderen gleich in die Wüste zu schicken.

Wahrscheinlich weil uns bewusst ist, dass wir bestimmte Werte grundsätzlich teilen. Wenn mal die Meinung voneinander abweicht, bleibt doch das Verbindende. Wenn ich beispielsweise an die Sterbehilfe denke: Da trägt das Gemeinsame viel mehr als die Nuancen der abweichenden Meinung.

Bei einer guten Beziehung ist so ein Streitthema ja interessant, weil die Basis stimmt, aber die Kontroverse dich fordert. Ohne inhaltliche Auseinandersetzungen wird es auch langweilig. Allerdings: Es fällt uns leichter, über Inhalte zu sprechen als über Gefühle. Wie gesagt, das haben wir einfach nicht gelernt in unserer Generation. Wir schlucken eher mal was weg und lassen es stehen, wie es jetzt da steht.

Genau, das ist ein großes Problem. Für mich schon immer. Um des lieben Friedens willen habe ich oft nichts gesagt. Aber wenn sich das anstaut, kann es sich explosiv entladen. Deshalb weiß ich heute: Auch Kleinigkeiten besser sofort klären!

Oder wir haben gelernt: tolerant sein. Dann bleiben die Wäscheklammern eben auf der Leine hängen …

Ich denke, zu wertschätzender Kommunikation gehört auch, wenig fordern und keine Vorwürfe machen. Gerade die führen zur Konfrontation. Oder der andere fühlt sich herabgesetzt. Das hat mich die Erfahrung gelehrt.

Ich habe gelernt: Du solltest keine Du-Sätze sagen wie:

»Du warst doch«, »Du hast doch«. Besser ist es, zu formulieren: »Ich habe das so empfunden.« Dann drückst du deine Wahrnehmung aus und urteilst nicht über den anderen. Das habe ich einmal aus einer Beratung mitgenommen und fand es sehr hilfreich.

Auf diese Weise kannst du wahrnehmen, was dein Gegenüber gefühlt oder empfunden hat. Und das kannst du ihm nicht absprechen. Es ist wichtig zu registrieren: Das sind seine oder ihre Gefühle – und sie haben ihre Berechtigung.

Aber woher kommt das, dass Männer so viel weniger über ihre Gefühle sprechen können? Das prägt uns von Kindheit an. Der klassische Satz ist ja: »Große Jungen weinen nicht.« Oder auch: »Ein Indianer kennt keinen Schmerz!«

Ich denke ja, das hat sich heute in der Erziehung geändert. Aber vielleicht spielen auch die Gene eine Rolle. Frauen reden einfach mehr über Gefühle und vieles andere. Einer meiner Schwiegersöhne hat einmal mit Blick auf mich und meine vier Töchter gesagt: »Über was ihr alles redet! Unvorstellbar für mich!«

Da gibt es eine passende Zeile in einem Lied von Roger Cicero: »Sie will halt reden nur, das ist ihre Natur«! Und der Mann ist eher jemand, der nicht redet, sondern immer sofort nach einer Lösung sucht. Aber wenn der Mann eine Lösung für das Problem findet, ist die Frau meist gar nicht damit zufrieden. Denn sie will gar keine Lösung, sondern mit ihm über das Problem reden!

Haha, ich denke, meine Töchter würden sagen, ich wolle immer allzu schnell Lösungen für Probleme finden. Vielleicht geht es ja doch nicht so starr um Männer oder Frauen, sondern um männliche und weibliche Anteile, die wir haben.

Gut, dass wir über so was lachen können. Das ist wichtig. Ich muss auch mal sagen können: Ich habe einen Fehler gemacht. Tut mir leid. Wenn es dann aus der Welt ist, dann ist es gut. Aber wenn es weiter grummelt, ist es schlecht. Ich denke, es ist auch Lebenserfahrung zu sagen: Verbeiß dich nicht in etwas. Gut jetzt, Schwamm drüber.

Ich denke, es ist wichtig zu überlegen: Kann ich mein Verhalten ändern? Oder: Wie könnte es beim nächsten Konflikt anders, besser laufen. Aber man sollte nicht versuchen, den anderen oder die andere zu verändern. Da gibt es den schönen Spruch: »Frauen wollen den Mann so lange verändern, bis sie ihn da haben, wo er für sie uninteressant ist.«

Na, das finde ich jetzt natürlich ein bisschen heftig.

Okay, manches sind Klischees. Aber Muster gibt es schon! Damals im Männerkreis ist mir das sehr deutlich geworden.

Einen solchen Männerkreis zu gründen, das finde ich auch wirklich gut. So etwas kann helfen, einander und sich selbst besser zu verstehen. Frauen haben eigentlich immer einen Kreis von Freundinnen um sich, mit denen sie über alles reden, über Partnerprobleme, Beziehungen auch. Das ist bei Männern doch eher selten.

Ja, das war damals auch sehr besonders. Und ich finde, Männer sollten solche Formen des Miteinanders viel mehr entwickeln.

In der evangelischen Kirche gibt es jetzt auch »Frauenmahle« in Anlehnung an Luthers Tischreden. Frauen treffen sich zu einem schönen Essen und hören Beiträge von Frauen, diskutieren drüber.

Ist doch toll, dass es das gibt. Kommunikation ist nicht nur Zweierkommunikation, wir brauchen wie gesagt auch andere Kontakte außerhalb der Beziehung. Wobei die Beziehung der Partnerschaft exklusiv bleibt, das kann nicht geteilt werden.

Das war in unserem Männerkreis auch wichtig. Wir konnten sehr gut über Beziehungen und Handlungsmuster reden. Aber die ganz private, intime Beziehung blieb geschützt.

Ich fand übrigens immer auch toll, wenn wir miteinander darüber sprechen, was wir gerade lesen.

Klar, weil sich unsere Interessen oft überschneiden. Ich weiß noch, wie ich dir von Bertha von Suttner, »Die Waffen nieder«, erzählt habe.

Das Buch hatte ich geschenkt bekommen, aber du hast es gelesen! Vor einem Interview zu Bertha von Suttner hast du mich noch gut gebrieft.

Diese vielen Kleinkriege, die Söldner, die die Fronten gewechselt haben – darüber zu lesen hat mich bewegt.

Wir vertiefen das Gelesene auch, wenn wir davon erzählen. Du teilst, was dich bewegt, und wirst dir dabei über manches klarer. Ich denke beispielsweise an meine Lektüre von Isabel Allende, »Dieser weite Weg«. Menschen, die vor dem Francoregime nach Frankreich fliehen und von dort aus mithilfe von Pablo Neruda am Ende Chile erreichen.

Das hat mich auch interessiert. Wie spannend. Und klar, daraus ergeben sich dann neue Gedanken!

Wie gesagt: So schnell gehen uns offenbar die Gesprächsthemen nicht aus!

Ganz bestimmt nicht!

HERKUNFT

MARGOT // Je älter ich werde, desto mehr scheint mir Herkunft prägend zu sein. Wenn ich zurückdenke, fühlt sich meine Kindheit sehr behütet an. Es war eine kleine Welt in Stadtallendorf. Die Niederkleinerstraße von Nummer 1 bis 44, von unserer Tankstelle am Bahnhof und dem Wohnhaus mit der Autowerkstatt – das ist für mich eine Art roter Faden meiner Kindheit. Auf der einen Seite erstreckte sich der Bereich bis zur Waldschule, in die ich in den ersten vier Schuljahren ging. Auf der anderen Seite wohnte Verwandtschaft, dort war auch das Gebiet der Kirchengemeinde – und die Südschule, an der Andreas und ich uns später trafen. Der Radius war klar abgesteckt. In seinen Grenzen konnte ich mich als Kind frei bewegen, ohne vor irgendetwas Angst zu haben. Ich wusste ungefähr, wer wo wohnte: am Anfang der Straße die Omi, dort an der Ecke eine Tante, zwei Straßen weiter eine andere. Wenn ich nicht mehr weiterwusste oder etwas brauchte, wenn ich beim Spielen Hunger oder Durst hatte, konnte ich bei ihnen klingeln. Da war eine große Vertrautheit. Du kanntest die Geschäfte: das etwas bessere Schreibwarengeschäft, das Stoffgeschäft, die Apotheke und die Eisdiele. Jeden Mittag kam unsere Großmutter zu Fuß den Kilometer die Niederkleinerstraße herunter zu uns nach Hause und kochte das

Mittagessen. Eine große Entlastung für meine Mutter, die ja im Betrieb mitarbeitete.

Meine beste Freundin, die Therapeutin ist, sagte mir einmal, ich sei erstaunlich angstfrei. Ich denke, das hat mit diesem Grundgefühl als Kind zu tun. Einen behüteten Rahmen zu haben, in dem sich ein Kind frei bewegen kann, ist von großer Bedeutung. Im Nachhinein finde ich es beeindruckend, dass meine Eltern mir dieses Grundgefühl so vermitteln konnten. Sie selbst waren ja durch ihre Kriegserfahrung in jungen Jahren in ihrem Sicherheitsgefühl tief erschüttert worden.

Sabine Bode, die viel über die Folgen des Krieges geschrieben hat, schildert in einem ihrer Bücher Stadtallendorf als ganz besonderen Ort. Zum einen wurden dort Geflüchtete aus Pommern, Schlesien, Ostpreußen und dem Sudetenland angesiedelt. Menschen also, die hoch traumatisiert waren, ihre Heimat verloren hatten. Zum anderen wurde Stadtallendorf nach dem Zweiten Weltkrieg auf den Trümmern von Munitionsdepots aufgebaut. Zwangsarbeiter hatten dort während des Krieges Munition produziert. Als Kind habe ich darüber nie nachgedacht. Wir haben die Bunker fasziniert angeschaut. Die Nazis hatten Bäume auf ihre Dächer gepflanzt. So wurde die Produktionsstätte von den Alliierten in der Nähe vermutet, aber nie entdeckt.

Meine Mutter hat über die Bombennächte erzählt, die sie als Krankenschwester in Berlin erlebt hat. Über ihre Erfahrungen im Internierungslager in Kopenhagen, wo sie zwei Jahre verbringen musste. Meine Großmutter und meine Tante erzählten von dem schrecklichen Winter 1945/46 in Hinterpommern, den mühsamen Weg mit drei Kleinkindern nach Hessen. Aber was das mit den Menschen gemacht hatte, wie sie diese Erschütterungen verarbeitet haben – oder auch nicht –, darüber wurde wenig gesprochen.

Eine meiner Schwestern hat erst vor Kurzem die Briefe gefunden, die meine Mutter aus dem Internierungslager in Dänemark verzweifelt nach Deutschland geschrieben hat. Als Jugendliche dachte ich: Du meine Güte, Kopenhagen, sie hätte sich doch in einen Zug setzen und nach Hessen zu ihrer Familie fahren können! Beim Lesen der Briefe wurde mir klar, in welcher Lage sie sich mit 22 Jahren befand: in einem fremden Land allein, ein ganzes langes Jahr lang nicht wissend, ob der Rest ihrer Familie noch lebt. Voller Sehnsucht und Hoffnung, etwas von ihren Liebsten zu hören. Und all das, was ihr in den letzten Jahren von deutscher Überlegenheit erzählt worden war, hatte sich als falsch, als fataler Irrweg erwiesen. Es war in Schutt und Asche gefallen, im wahrsten, aber auch im übertragenen Sinne des Wortes. Meine Mutter schreibt in einem ihrer Briefe, sie habe das Gefühl, darüber selbst hart zu werden. Das habe ich als Kind manchmal empfunden, wenn ich sie streng fand, im Gegensatz zu meinem eher jovialen Vater. Inzwischen selbst Großmutter, sehe ich sie anders.

Andreas meinte einmal, je älter wir werden, desto besser können wir nachvollziehen, wie unsere Eltern gehandelt haben. Ich denke, das stimmt. Vielleicht, weil wir durch Lebenserfahrung lernen, wie oft wir erst im Nachhinein wissen, was richtig oder falsch war. Vielleicht auch, weil das Alter uns nachsichtiger macht.

Ganz klar war: Von Krieg wollten meine Eltern nie wieder etwas hören. Dass alles zu tun wäre, um Krieg zu verhindern, stand für sie fest. Ich sehe das auch daran, dass mein allererster Tagebucheintrag am 20. August 1968 lautete: »Heute sind die Russen über Nacht in der Tschechoslowakei einmarschiert. Was man hört, ist schrecklich!«

Ich denke, das wird damals bei uns zu Hause ein großes Thema gewesen sein. So weit ist Prag nicht entfernt. Die Angst vor Krieg, sie war bei meinen Eltern auf jeden Fall unablässig vorhanden. Vielleicht wollten die Eltern uns genau deshalb eine angstfreie Kindheit ermöglichen.

Der Holocaust, die Judenvernichtung, die Schuld, die Deutschland auf sich geladen hatte, waren damals allerdings erst einmal kein Thema. Ich habe in einem Artikel gelesen, dass sich kurz nach dem Krieg die meisten erst mal als Opfer sahen, wie der Kriegsheimkehrer Beckmann in Wolfgang Borcherts Drama »Draußen vor der Tür«. Sich als Täterinnen und Täter zu begreifen, das brauchte Zeit.

Wenn ich mit meinen älteren Schwestern spreche, erkenne ich, dass ich es als viertes Kind leichter als sie hatte. Als meine älteste Schwester Ursula 1951 geboren wurde, war der Krieg erst sechs Jahre her, meine zweite Schwester ist Jahrgang 1953, mein Bruder, Jahrgang 1957 war ein Frühchen und hat nur wenige Tage überlebt. 1958, als ich zur Welt kam, sah vieles ganz anders aus. Die Enge der allererseten kleinen Wohnung, in der meine Eltern zunächst untergekommen waren, war überwunden. Im Jahr nach meiner Geburt hatten sie für die größer werdende Familie ein eigenes Haus gebaut. Die Stimmung war eine andere, es ging aufwärts, ich denke, sie haben Aufbruchstimmung, Zuversicht gespürt – nach all den Kriegsjahren. Und der wirtschaftliche Erfolg hat sich nach Jahren des Mangels ja auch eingestellt.

Meiner Mutter war wichtig, dass wir alle Abitur machen. Das ist im Grunde erstaunlich. Von Freundinnen weiß ich, dass Bildung für sie eher nicht vorgesehen war, weder vom Vater noch von der Mutter. Meine Mutter hatte schon selbst als junge Frau durchgesetzt, dass sie eine Ausbildung zur Krankenschwester machen durfte. Meine Großmutter war davon offenbar nicht wirklich überzeugt. Aber, so meine Mutter, ihr Vater habe gesagt: »Jugend muss raus!« Ich freu mich daran! So wie meine Mutter ihren Vater geschildert hat, war er ruhig, verständnisvoll und hat versucht zu hören, was für seine vier Kinder wichtig war. So durfte sein drittes Kind, die zweite Tochter, rausgehen in die weite Welt bis Berlin und Krankenschwester werden. »Eine Frau muss für sich selbst sorgen können«, sagte meine Mutter oft. Ich denke, das war die Botschaft, die mein Großvater ihr mit auf den Weg gegeben hatte, lange bevor das selbstverständlich war. Und am Ende, als er selbst auf dem Weg nach Sibirien verstorben ist, hat sich dieser Gedanke in Realität umgesetzt. Seine älteste Tochter, die ihren Mann verloren hatte, hat es geschafft, mit drei kleinen Kindern allein »durchzukommen«. Seine Frau hat es mit Anfang 50 geschafft, ganz allein weit von der Heimat weiterzuleben. Seine jüngere Tochter hat für sich selbst gesorgt, erst im Lager in Dänemark, dann in Hessen mit eigener Familie. Auch wenn ich meinen Großvater nie kennenlernen konnte, bleibt mir seine Botschaft eindrücklich, und ich habe sie an meine Töchter weitergegeben: Eine Frau muss für sich selbst sorgen können …

Als meine älteste Schwester 1961 aufs Gymnasium nach Marburg kam, war das ein schwerer Schritt für sie. In der Universitätsstadt gab es durchaus Standesdünkel und Ressentiments gegen Kinder, die nicht aus einem Akademikermilieu stammten.

Als ich ab 1968 dasselbe Gymnasium besuchte, hatte sich das Land verändert. Damit gingen ein anderes Lebensgefühl und eine größere Leichtigkeit einher. Ich hätte gar nicht verstanden, wenn mir jemand erklärt hätte, ich gehöre nicht auf ein Gymnasium, nur weil meine Eltern nicht studiert haben. Das habe ich erst viele Jahre später begriffen, wenn es manchmal hieß, ich sei »keine gute Theologin« – ein Vorwurf, der gern Frauen trifft, aber besonders Menschen, die nicht in Akademikerfamilien aufgewachsen sind.

Kinder aus Akademikerfamilien bewegen sich wesentlich selbstbewusster in dem ihnen vertrauten Milieu. Gespürt habe ich das zum ersten Mal, als ich begann, in Tübingen Theologie zu studieren. Da fühlte ich mich oft nicht zugehörig oder nicht klug genug, weil andere schon von zu Hause längst wussten, wer Bonhoeffer, Barth und Bultmann waren.

*

Wenn ich zurückblicke, war es für mich als Jugendliche anstrengend, jeden Tag nach Marburg zu fahren. Lange Tage waren das, die wir als »Fahr-Schülerinnen« unterwegs waren. Und die Entfernung machte es schwer, Freundschaften in Stadtallendorf oder Marburg zu schließen. Deshalb war die Kirchengemeinde als soziale Anbindung, als Treffpunkt so wichtig. Sie war für mich, bis ich 1974 für ein Jahr in die USA ging, der zentrale Ort jenseits von Schule und Familie. Mittwochs war Posaunenchorprobe – wir haben uns dort fürs Wochenende verabredet, Waldspaziergänge gemacht, sind Fahrrad gefahren. Freitags war Kindergottesdiensthelferkreis. Samstags durften wir im Keller des Gemeindehauses die Musik aufdrehen und uns zur »Disco« treffen. Am Sonntag spielte ich oft mit dem Posaunenchor im Gottesdienst. Oder ich habe mit anderen Jugendlichen den Kindergottesdienst gestaltet. Ich war gerne dort und habe die vielfältigen Verpflichtungen, die sich aus der Mitarbeit in der Gemeinde ergaben, nie als Zwang oder Belastung empfunden.

Für all die Erlebnisse in der Kirchengemeinde, aber auch dafür, wie entschlossen unsere Mutter war, dass ihre Töchter Abitur machen, bin ich dankbar. Meine Schwestern und ich haben alle studiert, Berufe ergriffen, Familien gegründet.

Dass Beruf und Familie sich ausschließen könnten für eine Frau, war nie ein Thema. Auch meinem Vater bin ich dankbar, dass er sich unserem Bildungsweg nicht in den Weg stellte, so wie ich das aus Erzählungen von Freundinnen kenne.

Als nach einem Herzinfarkt meines Vaters Tankstelle und Werkstatt an seine beiden Gesellen verpachtet wurden und er nur noch gelegentlich dort mitarbeitete, ergriff meine Mutter die Chance und wurde Gemeindeschwester in der Diakoniestation, die gerade neu aufgebaut wurde. Statt mit dem alten schwarzen Ford 17M, mit dem sie auch Taxi gefahren war, kurvte sie jetzt mit einem orangen Renault 6 durch die Stadt. Die Fordwerkstatt war zur Renaultwerkstatt geworden, die ehemalige DEA-Tankstelle hieß nun Texaco. Veränderung stand an. Als wir bei einem Treffen als Schwestern überlegt haben, dass unser Vater damals unserer Mutter die Berufstätigkeit ja sogar noch hätte verbieten können, haben wir alle gelacht. Das hätte unsere Mutter nicht akzeptiert – das wusste er. Insofern war sie uns allen ein gutes Vorbild.

ANDREAS // Je älter wir werden, umso bewusster schauen wir zurück. Manche behaupten, je älter man wird, umso mehr setzen sich die Prägungen der Herkunftsfamilie durch. Vielleicht ist das auch ein Grund dafür, dass sich mit fortschreitendem Alter die Beziehungen zu den Geschwistern wieder verstärken. Keine Bindung dauert in der Regel so lange wie die Beziehung zu unseren Geschwistern. Das ist mir heute sehr klar.

Als Ältester von acht Geschwistern wurde ich 1959 in einem Stadtteil von Siegen geboren. Die gesamte Region wurde damals von der Eisen- und Stahlindustrie dominiert. Hier fanden die meisten Menschen ihre Arbeit, auch mein Vater, der als Schlosser in einem der großen Betriebe tätig war. Einmal, ich war vielleicht sechs Jahre alt, nahm er mich mit ins Werk. Für einen kleinen Knirps wie mich war es sehr beeindruckend, wie das heiße geschmolzene Eisen in Formen und Behälter floss. Es war und ist Schwerstarbeit, bis heute habe ich Respekt davor.

Früh musste ich Verantwortung für die anderen Geschwister mit übernehmen und lernen zurückzustecken. Oft musste ich auf eine Schwester oder einen Bruder aufpassen. Die Kinder hatten sich selbst zu beschäftigen, eine ständige Animation durch die Eltern war einfach nicht möglich und auch nicht nötig. Ein Erlebnis ist mir ganz besonders in Erinnerung geblieben. Wir erzählen diese Geschichte immer mal wieder im Familienkreis, weil sich alle gut daran erinnern können: Es war Winter und es lag Schnee. Wir Kinder wollten raus, Schlitten und Ski fahren. Zu Weihnachten hatte ich Skier geschenkt bekommen. Meine Mutter hatte keine Zeit mitzukommen und beauftragte mich, drei meiner jüngeren Geschwister mitzunehmen und auf sie aufzupassen. Wir wohnten direkt am Waldrand. In einer Entfernung von etwa einem Kilometer gab es eine Lichtung mit leichter Hanglage, zum unteren Ende fast eben auslaufend, bis zu einem Bachlauf hin. Bestens geeignet zum Rodeln und Skifahren. Hier waren wir schon oft gewesen. Mein kleiner Bruder war etwa sechs Jahre alt, fünf Jahre jünger als ich. Als wir an der Lichtung ankamen, war er schon ganz ungeduldig und wollte sofort los. Unsere Schwestern, neun und sieben Jahre alt, waren bereits losgerodelt. Ich setzte meinen Bruder auf seinen Schlitten, und mit einem kleinen Schubs ließ ich ihn den Hang hinunterfahren. Ich musste noch meine Skier binden und beobachtete, wie er vergnügt hinuntersauste und schließlich ans Ende der Piste kam. Ich dachte: Jetzt muss er aber bald mal die Füße vom Schlitten nehmen und bremsen. Gleich kommt der Bach!

Meine Befürchtung sollte sich bestätigen. Er bremste nicht, es machte »platsch«, und er landete samt Schlitten im eiskalten Wasser. Oje! Auf meinen Skiern preschte ich hinunter und fischte meinen schreienden Bruder aus dem Bach. Der war nicht tief, aber mein Bruder war triefend nass, von Kopf bis Fuß, und zitterte. Ich ließ alles stehen und liegen, packte ihn huckepack auf meinen Rücken und rannte, so schnell ich konnte, nach Hause. Meine Schwestern würden es schon alleine schaffen, dachte ich. Völlig aus der Puste übergab ich den kleinen Bruder meiner Mutter, die sofort das Richtige zu tun wusste: heißes Bad!

Ich hatte ein schlechtes Gewissen, weil ich nicht genügend aufgepasst hatte. Zum Glück war alles glimpflich ausgegangen. Mein Bruder wurde nicht krank. Aber den Druck der Verantwortung, den spüre ich bis heute.

Immer wieder war es bei uns zu Hause finanziell knapp. Wenn es eng wird, dann lernst du, auf die anderen zu achten. Ein paar Mark für mich selbst zur Verfügung zu haben, das war ein großes Ziel! Im Alter von etwa zehn Jahren hatte ich mir ein Taschengeld mit dem Austragen einer großen deutschen Sonntagszeitung verdient. Es galt morgens in aller Frühe 120 Exemplare an Abonnenten auszuliefern. Das Geld musste direkt an der Haustür kassiert werden. Die Begegnungen waren oft überraschend, weil mir manchmal eher leicht bekleidete Männer und Frauen die Wohnungstür öffneten. 20 Mark in der Woche brachte mir das ein. Lustigerweise begegnet mir diese Zeitung inzwischen auf ganz andere Weise wieder, weil Margot jede Woche eine Kolumne für das Blatt schreibt. Wenn wir gemeinsam überlegen, was gerade »dran« sein könnte, oder ich ihren Textentwurf gegenlese, muss ich manchmal an früher denken, als ich mit dem Fahrrad die Zeitungsbündel durch die Straßen unseres Dorfes transportiert hatte.

Als ich zwölf Jahre alt war, verließen wir unser Dorf, unser Haus, in dem auch meine Großeltern wohnten, und zogen nach Stadtallendorf. Niemand erklärte mir genau, warum. Und wir Kinder wurden auch nicht gefragt. Für mich war es schrecklich, von einem Haus mit Garten in eine kleine Wohnung in einer Stadtsiedlung zu ziehen. Mein Vater hatte bei einer großen Eisengießerei eine gute Anstellung erhalten. Aus heutiger Sicht verstehe ich die Entscheidung für den Umzug natürlich. Aber damals konnte ich das alles nicht begreifen. Meine Mutter sagte mir kürzlich, sie hätte es damals wunderbar gefunden, endlich fließend warmes Wasser zu haben. In unserem früheren Haus gab es keine Zentralheizung, nur Kohleöfen bei meinen Großeltern und Ölöfen in unserer Wohnung.

Meine Mutter war in erster Linie Hausfrau – und mit acht Kindern vollbeschäftigt. Später hat sie, als die Kinder größer waren, wieder eine Anstellung angenommen und durch ihre beruflichen Tätigkeiten nicht unwesentlich zum Haushaltseinkommen beigetragen. Aber eine Familie mit acht Kindern zu versorgen, blieb immer eine große Herausforderung, dieses Erleben hat mich bis heute geprägt.

Bereits im Alter von 43 Jahren verstarb mein Vater. Damit lastete die Verantwortung für die Familie ganz allein auf den Schultern meiner Mutter. Aber auch dieser Herausforderung hat sie sich unverzagt gestellt. Ich kann mich nicht erinnern, dass sie jemals großartig geklagt oder gejammert hätte. Nein, sie hat sich immer mit viel Energie und Opferbereitschaft für die Familie eingesetzt – und sie bis heute zusammengehalten. Dafür sind wir acht Kinder ihr von Herzen dankbar, und dafür lieben wir sie. Ihre Art, das Leben anzunehmen, aus jeder Situation stets das Beste zu machen und das Gute zu sehen, ist uns allen zum Vorbild geworden. Sie war 18, als ich geboren wurde, ich bin der älteste Sohn. Wenn ich die Hände meiner Mutter betrachte, denke ich oft: Was die schon alles geleistet haben! Dazu fällt mir ein Gedicht von Kurt Tucholsky ein, das die Armut im Berlin der 20er-Jahre des letzten Jahrhunderts spiegelt, aber dennoch treffend beschreibt, was ich empfinde. Ich möchte es als eine Hommage an meine Mutter zitieren:

Mutterns Hände

Hast uns Stulln jeschnitten
un Kaffe jekocht
un de Töppe rübajeschohm –
un jewischt und jenäht
un jemacht und jedreht ...
alles mit deine Hände.

Hast de Milch zujedeckt,
uns Bobongs zujesteckt
un Zeitungen ausjetragen –
hast die Hemden jezählt
und Kartoffeln jeschält ...
alles mit deine Hände.

Hast uns manches Mal
bei jroßen Schkandal
auch 'n Katzenkopp jejeben.
Hast uns hochjebracht.
Wir wahn Sticker acht,
sechse sind noch am Leben ...
Alles mit deine Hände.

Heiß warn se un kalt.
Nu sind se alt.
Nu bist du bald am Ende.
Da stehn wa nu hier,
und denn komm wir bei dir
und streicheln deine Hände.

Kurt Tucholsky

In den Tagen, da ich diese Zeilen schreibe, bin ich dabei, meine Mutter über ihr Leben zu befragen. Angelehnt an die Bücher, die in diesem Zusammenhang in den letzten Jahren herausgekommen sind, wie zum Beispiel das Buch unter dem Titel: »Mama, erzähl mal!« von Elma van Vliet. Das gibt es ebenso für Papas, Omas, Opas etc. Diese Bücher sind in der Regel so gestaltet, dass sie von den Betroffenen selbst ausgefüllt werden sollen. Da das für meine Mutter eine große Anstrengung wäre, habe ich mich entschieden, unser Gespräch aufzuzeichnen. Irgendwann möchte ich es dann zu Papier bringen. Ich habe das Gefühl, dass meine Mutter sehr gerne mit mir über ihre Vergangenheit spricht. Es entsteht jedes Mal eine liebevolle Atmosphäre, und wir beide können bei den Gesprächen viel miteinander lachen. Oft sagt sie: »Darüber habe ich schon lange nicht mehr nachgedacht.« Und dann spricht sie über lange verschüttete Erinnerungen.

Die Lebensgeschichten unserer Eltern können uns vieles sagen und uns helfen, Geschehnisse und Entwicklungen in ihrem Leben besser zu verstehen. Je älter wir werden, desto größer der Erfahrungsschatz. Die Lebensreife hilft, Erlebtes aus der Vergangenheit in einem anderen Licht zu sehen. Es anders zu bewerten, mit manchem nicht mehr zu hadern und nachsichtig zu sein. Nachsichtig mit der Vergangenheit und mit sich selbst. Ich wünsche mir, auch einmal in dieser Form von meinen Kindern befragt zu werden. Aber wahrscheinlich müssen sie dazu aus der Rushhour des Lebens erst einmal herauskommen. Bei mir war das ja auch so.

Diesen Gedanken kann ich gut nachvollziehen. Heute denke ich oft, ich hätte meinen Vater oder meine Mutter dieses

oder jenes gerne noch gefragt. Natürlich kann ich meine älteren Schwestern fragen, ob sie sich an das eine oder andere erinnern. Aber es bleiben Fragen offen. Gerade mit Blick auf unseren Vater ist uns gemeinsam bewusst, dass wir viel zu wenig wissen über ihn, sein Leben, seine Kriegserfahrungen. Wahrscheinlich ist das schlicht der Lauf der Dinge, dass du in der Phase, in der das Leben dich stark fordert, keine Zeit hast zu fragen, eher ungeduldig bist mit »den Alten«. Interessant ist für mich als Großmutter, dass jetzt eher die Enkel sagen: »Omi, erzähl mal was von früher!« Dann stutze ich immer etwas und überlege, was für sie interessant sein könnte. Und meist hören sie dann auch gern und gebannt zu.

Meine Töchter erzählen mir, was meine Mutter ihnen vor vielen Jahren alles weitergegeben hat, Geschichten »von früher«, die ich teilweise selbst das erste Mal höre. Vielleicht sind Großeltern und Enkel kommunikativer miteinander, unbefangener auch? Auf jeden Fall merke ich bei meinen Enkelkindern, dass sie beim Erzählen der Gedanke fasziniert, dass ich auch mal ein Kind war – und sie eines Tages vielleicht Eltern oder gar Großeltern sein werden. Das ist schon eine besondere Beziehung über eine Generation hinweg. Die Enkel ordnen ja auch ihre Herkunft ein über die Großeltern, die von ihrer Kindheit, ihren Eltern und Großeltern erzählen. Gewiss erinnere ich mich nicht mehr exakt an alles, was mir damals als Kind erzählt wurde.

Es ist eine Art »oral tradition«, die entsteht. Als ich vor vielen Jahren für den Ökumenischen Rat der Kirchen Aborigines, die Ureinwohner Australiens, besucht habe, hat mich das fasziniert. Ihre Geschichte ist nicht schriftlich festgehalten, sondern über das Erzählen von Generation zu

Generation. Und so wurde auch das Überleben gesichert, indem die »Traumpfade« weitergegeben wurden, die von Ort zu Ort führen und Ernährung sichern.

Mündlich überlieferte Erzählungen kennen wir auch aus der Bibel. Das fasziniert mich theologisch bis heute, nachzulesen, wie und wann ein biblisches Buch wohl entstanden ist, welche Erzählungen schließlich verschriftlicht wurden. Auch im Ruhestand predige ich ja regelmäßig. Für jeden Sonntag gibt es vorgeschriebene Predigttexte. Natürlich habe ich Lieblingsstellen in der Bibel. Vor allem die Seligpreisungen, aber auch die Gleichnisse Jesu sind mir wichtig. Doch ich lasse mich gern auf die vorgegebenen Bibelverse ein, weil es eine Herausforderung ist, sich auch mit einem Text auseinanderzusetzen, den ich auf den ersten Blick vielleicht nicht mag. Oder der mir schon so oft begegnet ist, dass ich denke: Nicht den schon wieder. Aber wenn ich mich dann darauf einlasse, entdecke ich eben doch Neues, selbst bei der altbekannten Geschichte vom verlorenen Schaf. Auch die Kinderbücher zu biblischen Geschichten, die ich inzwischen zweimal im Jahr schreibe, sind da eine Herausforderung. Dann stelle ich mir immer wieder selbst neue Fragen. Etwa: Erzähle ich nur vom barmherzigen Samariter oder gehört auch die Rahmengeschichte dazu, in der Jesus ja gefragt wird, wer der Nächste sei? Ich habe mich für den Rahmen entschieden. Oder: Wie können wir Kindern die Ostergeschichte erzählen?

Der Karfreitag muss vorkommen. Und Kinder wissen sehr wohl etwas von Sterben und Tod, sie haben genau da auch Fragen, denen die Erwachsenen oft aus dem Wege gehen. Am Ende habe ich die Geschichte von Karfreitag und Ostern aus der Perspektive eines kleinen Mädchens erzählt.

Ich habe sie bei meinen Enkeln getestet. Sie fanden es schlimm, total traurig, dass Jesus gestorben ist. Aber wir konnten gut darüber sprechen.

Ähnliches kennen wir auch bei Märchen. Insbesondere die Brüder Grimm haben gesammelt, was tradiert wurde, und es dann schriftlich festgehalten. Manche Eltern erzählen diese Geschichten lieber nicht, weil sie zu grausam finden, dass der Wolf sechs der sieben Geißlein frisst oder die dreizehnte Fee dafür sorgt, dass Dornröschen sich mit der Spindel sticht. Es ist für mich interessant zu erleben, wie unterschiedlich meine Enkel reagieren. Die einen halten sich die Ohren zu. Die anderen finden es spannend und »gar nicht so schlimm«. Aber eine Faszination ist bei allen da. Aus Guatemala habe ich einmal eine Puppe mitgebracht, die die Großmutter darstellt. Wenn ihr das Kleid über den Kopf gezogen wird, ist Rotkäppchen da. Und unter ihrer Haube verbirgt sich der böse Wolf. Damit lässt sich das Märchen wunderbar erzählen. Ein bisschen Gruseln ist dabei, aber eben auch die Spannung. »Kinder brauchen Märchen« heißt ein Buch von Bruno Bettelheim, das ich vor vielen Jahren gelesen habe. Ich denke, mit solchen Erzählungen, sowohl der Bibel als auch der Märchen, geht es ja um archetypische Erfahrungen, von denen Kinder durchaus wissen. Deshalb sind Vorlesen und Erzählen so wichtig. Jedem dritten Kind in Deutschland wird nicht vorgelesen. Das ist traurig.

Der Wahrheitsgehalt ist am Ende einer Kette mündlicher Überlieferung nicht immer wirklich festzumachen. Aber das ist auch nicht schlimm, finde ich, denn Erinnerungen sind nun mal sehr subjektiv. Und die Frage ist ja: Warum werden Geschichten weitererzählt? Warum bleiben sie im

Gedächtnis? Weil sie eine tiefere Wahrheit, weil sie Gefühle transportieren, in denen sich unsere aktuellen Lebenserfahrungen spiegeln.

Eine Erzählung in unserer Familie ist die einer Tante meiner Mutter, die unmittelbar nach einem Festmahl in der Ostsee schwimmen ging und dann ertrunken ist. Meine älteste Tochter und ich erzählten beim Besuch eines Cousins meiner Mutter davon. Er sagte erstaunt: »Aber das stimmt nicht! Sie ist nicht ertrunken, sie hat sich das Leben genommen. Das wissen doch alle!« Meine Tochter und ich waren völlig vor den Kopf gestoßen. Wir hatten die Geschichte übernommen, von Generation zu Generation weitergegeben und unsere Kinder ermahnt: Niemals gleich nach dem Essen schwimmen gehen! Und ja: Herkunft einer Erzählung, keine Wahrheit.

Unsere Mutter ist mit meinen beiden Schwestern und mir 1961 für eine Woche nach Wyk auf Föhr gefahren. Das Meer war für sie ein Sehnsuchtsort. Offenbar sind wir damals in eine Kasperltheatervorstellung gegangen. Es ist ein Moment meiner Kindheit, den ich nicht erinnere. Aber ich freue mich daran. Ein Fotograf hat uns im Bild festgehalten. Mein Schwager hat mir vor einiger Zeit eine Postkarte mit diesem Motiv geschenkt, eine Karte, die meine Mutter 1961 an ihre Schwester geschickt hatte. Sie schreibt ihrer Schwester: »Es war zu lustig. Margot hat uns bald mehr Spaß gemacht als das Theater selber. Der Fotograf wollte sie immerzu knipsen, aber sie drehte sich dauernd hin und her, weil sie Angst hatte – vor der Hexe und dem Teufel. Es kam aber nur der Räuber und als die anderen ihn fangen wollten, hat sie geschrien: Der Räuber, der Räuber! Ich hatte Tränen in den Augen vor Lachen …«

Die Postkarte steht heute auf meinem Schreibtisch, in einem Glasbilderrahmen. Vorn das Foto meiner Mutter mit uns drei Töchtern, hinten ihre Zeilen. Wie schön, solche Erinnerungen zu haben, auch wenn ich selbst zu klein war, um es konkret zu wissen. Eine Erzählung, die im Zusammenhang mit diesem Urlaub bleibt, ist »die mit den Aalen«. Meine Mutter wollte so gern für ihre Mutter und ihre Schwester geräucherten Aal mitbringen. Den hatte sie beim Fischhändler bestellt. Aber sie hatte kein Geld mehr, ihn zu bezahlen. Also sind wir frühmorgens abgefahren, bevor die Geschäfte öffneten. Jahrelang hatte sie ein schlechtes Gewissen. Ob die Erzählung stimmt? Ich war wie gesagt drei Jahre alt und weiß es nicht so genau. Aber ich habe sie inzwischen auch meinen Enkeln erzählt ...

Mein Leben lang habe ich Tagebuch geführt. Manchmal frage ich mich inzwischen, ob ich will, dass diese sehr persönlichen Zeilen mich überdauern. Da habe ich mich noch nicht entschieden. Die ganzen Irrungen und Wirrungen des Lebens gehen ja eigentlich andere nichts an. Ich selbst lese allerdings jetzt im Altwerden ganz gern nach: Wie war das damals, was hast du gefühlt, gedacht? Im Rückblick wird das Leben eine Erzählung, man erkennt einen roten Faden. Im unmittelbaren Erleben ist manchmal eher Chaos, Unruhe. Aber ob das damals Aufgeschriebene die ganze Wahrheit ist? Oft sind es ja besondere Gefühle, die wir aufschreiben. Die Normalität scheint eher nicht notierenswert, hat aber auch ihren Wert.

Etwas festzuhalten, aufzuheben, aufzuschreiben, das kann auch für die nächste Generation Bedeutung haben. Die »Erzähl mal«-Bücher sollen dazu anregen. Das finde ich auch einen guten Gedanken. Doch ich habe gemerkt, dass ich selbst keine Lust hatte, das alles auszufüllen, als ich einmal ein solches Buch geschenkt bekam. Das unmittelbare Erzählen ist etwas ganz anderes. Deshalb finde ich es gut, dass Andreas seine Mutter befragt. Ich beneide ihn manchmal, dass seine Mutter noch lebt, so quicklebendig ist. Sie war 18, als er geboren wurde, er war der Älteste. Meine Mutter war 36, als ich geboren wurde, ich war die Jüngste.

Manchmal sagte meine Mutter, dass sie sich mit Blick auf mich alt gefühlt habe. Fast als hätte sie sich geschämt, in diesem Alter noch Mutter zu werden. Das sehen wir heute ganz anders, mit 36 Mutter werden ist völlig normal. Wenn Frauen heute erst mit Ende 30, Anfang 40 Mutter werden, sind natürlich auch die Großeltern wesentlich älter, nicht mehr so agil.

Wenn ich zurückdenke, wird mir klar: Meine Omi war noch nicht einmal 50 Jahre alt, als sie ihren Mann verloren hat und Hinterpommern Richtung Hessen verlassen musste – einen ihr völlig unbekannten Teil Deutschlands. Als Kind war sie für mich schlicht alt, irgendwie immer alt gewesen. Meine Großväter habe ich nicht kennengelernt. Der eine ist bei einem Bombenangriff ums Leben gekommen, der andere auf dem Transport nach Sibirien an der Ruhr verstorben. Die Großmutter väterlicherseits lebte bei uns im Haus, verstarb, als ich fünf Jahre alt war. An sie habe ich nur die Erinnerung, dass eine Klingel an ihrem Nachttisch befestigt war, mit der sie rufen konnte, wenn sie Hilfe brauchte. »Die Omi«, die Mutter meiner Mutter, dagegen war sehr präsent in der Familie, nicht nur weil sie jeden Mittag kam, um für uns zu kochen. Sie war auch der Kommunikationspunkt, wusste Bescheid, was alle anderen, weiter entfernten Familienmitglieder gerade bewegte.

Als Großmutter heute komme ich mir jünger vor als sie. Einerseits ist mir klar, dass ich mir da etwas vormache. Ich bin inzwischen 63 und merke auch, dass die Kräfte nicht mehr so vorhanden sind wie früher. Wenn ich einen vollen Tag auf die drei Kinder meiner ältesten Tochter aufgepasst, mit ihnen gespielt und vorgelesen habe, bin ich abends erschöpft. In Hannover verbringe ich oft einen Nachmittag mit den Enkeln. Es fällt uns eigentlich immer etwas ein, was wir zusammen unternehmen könnten – ob Lego bauen, Verstecken spielen oder Fußball kicken. Ich kann mich nicht daran erinnern, dass meine Mutter oder meine Großmutter mit uns Kindern gespielt hätte. Das war im Grunde kein Thema. Kinder wurden beaufsichtigt und versorgt, insbesondere Letzteres. Väter spielten schon gar nicht mit den Kindern. Unser Vater machte mit meinen Schwestern und mir am 1. Mai eine Radtour, Silvester spielte er Mensch ärgere Dich nicht mit uns. Das waren die beiden Rituale im Jahr. Ich erinnere mich gern daran, aber es war eben die Ausnahme.

Meine Mutter legte aber wie gesagt großen Wert auf Bildung. Dafür sind wir Schwestern ihr bis heute dankbar. Auch wenn das Geld knapp war: Bücher durften wir kaufen. Und auch wenn sie uns nicht schulisch helfen konnte: Die Noten sollten stimmen, notfalls mit Nachhilfe. Darüber wurde auch nicht viel diskutiert. Ich wollte als zweite Fremdsprache gern Französisch wählen, weil mir Reden immer schon leichtfiel ;-). Meine Mutter lehnte das kategorisch ab. Sie konnte zwar kein Latein, meinte aber, das sei wichtig für Bildung. Latein war für mich eher langweilig, weil so wenig kommunikativ. Immerhin haben mir sieben Jahre Latein aber am Ende den Einstieg in das Theologiestudium erleichtert. Französisch habe ich dann als dritte Fremdsprache gelernt und durch zweifachen Schüleraustausch verfestigen können.

Schon früh wurde mir bewusst, dass Bildung wichtig ist, um eine gute Zukunftsperspektive zu haben. In der evangelischen Kirchengemeinde in Stadtallendorf eröffneten sich mir ganz neue Möglichkeiten und andere Sichtweisen auf das Leben. Und das nicht nur im religiösen Sinne. Ursula, Margots älteste Schwester, war in der Gemeindearbeit sehr engagiert. Sie leitete unter anderem den Kindergottesdienst. Eines Tages rief sie die Kindergottesdiensthelfer und andere Jugendliche im Gemeindesaal zusammen. Auf den Tischen lagen Trompeten, Posaunen und Hörner. Ursula hielt eine kleine Ansprache und machte allen Anwesenden Lust, ein Instrument zu lernen, um gemeinsam einen neuen Posaunenchor zu bilden.

Früher hatte es schon einmal einen solchen Musikkreis in der Gemeinde gegeben. Irgendwann hatte sich der aufgelöst. Seitdem lagen die Instrumente in einem Keller des Gemeindehauses und verstaubten. Ursula hatte alle verfügbaren Musikinstrumente wieder hervorgeholt. Jeder und jede sollte sich nun eines aussuchen. Die meisten Jugendlichen stürmten zu den Trompeten. Margot und ich waren nicht so schnell wie die anderen. Als wir an den Tisch traten, lagen dort nur noch Posaunen. »Pech gehabt«, dachte ich. »Aber Posaune spielen ist vermutlich auch ganz schön …«

Ein Instrument zu lernen war für uns in der Gemeinde kostenlos. Einen anderen Musikunterricht hätte sich meine Familie damals auch nicht leisten können. Auch drei meiner Geschwister lernten Trompete, Posaune und Horn und spielten im Posaunenchor mit. In mir wurde jedenfalls die Leidenschaft fürs Musikmachen geweckt, und ich entwickelte mich im Laufe der Zeit zu einem ganz passablen Posaunenspieler. Einer der Gründe dafür war auch Margot. Wenn sie und ich zurückblicken, müssen wir darüber schmunzeln. Bei einer gemeinsamen musikalischen Fortbildungsveranstaltung auf Burg Hessenstein war sie in der Gruppe »über« mir, also in der besseren, eingeteilt. Und ich wollte gerne zukünftig gemeinsam mit ihr in einer Gruppe spielen – ich habe es geschafft!

Langfristig hatte ich mehr Ausdauer als Margot. Über mehrere Jahre spielte ich in einem Auswahl-Bläserkreis der evangelischen Landeskirche von Kurhessen-Waldeck mit. Sehr oft haben wir an Wochenenden Konzerte mit klassischer Bläsermusik gegeben. Große Ereignisse waren auch die Landesposaunentage und Kirchentage, bei denen immer Tausende von Bläsern mitgewirkt haben. Wenn so viele Bläser gleichzeitig einen Choral spielen, ist das derart überwältigend, dass ich immer eine Gänsehaut bekomme. Ein ganz besonderes Erlebnis ergab sich durch die Möglichkeit, im Barockorchester der Bad Hersfelder Festspiele mitspielen zu dürfen. Unter der Leitung von Siegfried Heinrich wurden die beiden Monteverdi-Opern »Orpheus« und »Die Heimkehr des Odysseus« aufgeführt. Sämtliche Orchesterinstrumente waren der Zeit zwischen Renaissance und Barock nachempfunden. Das bedeutete auch, dass ich mir das Spiel auf der Barockposaune (sie ist viel kleiner und enger mensuriert als herkömmliche Posaunen) aneignen musste. Aber es hat sehr viel Spaß gemacht. Nach den Aufführungen in der Stiftsruine in Bad Hersfeld flogen wir nach Helsinki zu einer Gastaufführung im dortigen Schwedischen

Theater. Beeindruckend! Musik hat sich mir in diesen Zusammenhängen ganz neu erschlossen.

Faszinierend war für mich auch der Flug von Frankfurt aus, denn es war der erste meines Lebens.

Übung, Disziplin, Gemeinschaft – das war ein so hilfreicher Schub, meinen eigenen Weg zu finden und Selbstbewusstsein zu bekommen! Damals ahnte ich natürlich noch nicht, dass mich die Posaune als Instrument bis zum heutigen Tage begleiten würde. Sehr gerne spiele ich in einer Jazz- und einer Big Band. Und manchmal schreibe ich jetzt Kinderlieder, die in den Kinderbüchern abgedruckt werden, die Margot schreibt. Meine Erfahrung hat mir gezeigt: Oft braucht es Impulse von außen, jemanden, der dir Mut zuspricht, Hilfestellung gibt, den Blick auf neue Wege öffnet. Gehen muss man sie dann selbst. Der Posaunenchor war für mich ein Türöffner.

An eine andere Unterstützung aus meiner Schulzeit erinnere ich mich noch sehr gut: Es muss in der neunten oder zehnten Klasse gewesen sein. Wir sollten uns ein Buch aussuchen, es lesen, den Inhalt in einem Referat zusammenfassen und vortragen. Damit war ich überfordert. Bücher lesen gehörte damals nicht zu meinen bevorzugten Freizeitbeschäftigungen, auch weil es zu Hause schlicht wenige Bücher gab. Ich bat die Leiterin des Kindergottesdienstes, Margots Schwester Ursula, um Rat.

Welche Bücher sich die anderen Jungen ausgesucht hatten, weiß ich nicht mehr. Doch bei den Mädchen dominierten Titel der Autoren Johannes Mario Simmel und Heinz Konsalik. Mein Buch sollte natürlich nicht allzu dick sein. Ursula gab mir das Buch von Alexander Solschenizyn, der

1970 mit dem Nobelpreis für Literatur ausgezeichnet wurde: »Ein Tag im Leben des Iwan Denissowitsch«. Der Roman schildert einen Tag aus dem Leben eines Häftlings in einem sowjetischen Gulag. Das war ein deutlicher Kontrast zu den Liebesromanen der Mädchen! Mein Deutschlehrer war von meinem Referat jedenfalls überrascht und beeindruckt! Das hat mich nachhaltig ermutigt.

Das neu entwickelte Selbstbewusstsein und die kleinen und großen Erfolge mit der Musik und in anderen Bereichen haben mich beflügelt, auch viele weitere Schritte zu gehen. Das Entdecken neuer Horizonte befeuerte meinen Ehrgeiz. Das wirkte sich auch auf meine schulische Laufbahn aus und führte mich letztlich zu einem Studium der Elektrotechnik mit dem Abschluss eines Ingenieurs. Ohne die finanzielle Unterstützung durch BAföG, das Bundesausbildungsförderungsgesetz, das 1971 unter dem damaligen Bundeskanzler Willy Brandt eingeführt wurde, hätte ich nicht studieren können. Mit diesem Gesetz wurde ein wichtiger Beitrag zur beruflichen Chancengleichheit geschaffen. Dieser Werdegang mag heutzutage selbstverständlich erscheinen. Doch bei einem Kind der Arbeiterklasse war es damals nicht so. Leider ist Realität, dass die Entwicklung rückläufig ist. Der soziale Aufstieg von Kindern aus Arbeiterfamilien wird wieder schwieriger. Der eigene soziale Status hängt wieder wesentlich vom sozialen Status der Herkunftsfamilie ab. Das ist bedauerlich, wenn ich bedenke, wie viele talentierte Kinder nie die Chance erhalten werden, ihre Begabungen zu entfalten und damit unsere Gesellschaft zu bereichern.

MARGOT UND ANDREAS // Die Kindheit bedeutet so viel. Wir werden geprägt für unser gesamtes Leben. Kinder müssen früh Verantwortung übernehmen oder lernen die Leichtigkeit des Seins, werden vernachlässigt oder angeregt, erleben Gewalt oder wachsen sehr behütet auf. Wie entscheidend sind diese Jahre! Werden Kinder gefördert, wird ihnen vorgelesen, haben sie Zugang zu Bildung, Musik. Die Lebenschancen werden früh entschieden. Nicht mit der »Schule fängt der Ernst des Lebens an«, sondern viel, viel früher, wie wir heute aus der Elementarpädagogik wissen.

Und dann kommt der Punkt des Abschieds von der Kindheit. Wir beginnen, die Autorität der Eltern zu hinterfragen. Sie sind nicht mehr diejenigen, die alle Antworten kennen. Es ist der Weg in die Pubertät, die Suche nach der eigenen Identität. Da ist Abgrenzung zu den Eltern angesagt, gleichzeitig sind aber auch Halt und Orientierung gefragt. Das Zusammensein mit Gleichaltrigen wird jetzt bedeutend.

Bei uns war es die Kirchengemeinde, die das Umfeld für diese Entwicklung gegeben hat: der Posaunenchor, der Kindergottesdienst, die Freizeiten. Und neben der »Peergroup« spielen in der Pubertät eben auch die erste Liebe, der erste Kuss, die Entdeckung der Sexualität eine Rolle. Es ist gut, darauf zurückblicken zu können mit einem Lächeln, mit Dankbarkeit. Ohne Druck empfunden zu haben, in aller Freiheit dieses Gefühl, vom anderen Geschlecht angezogen zu sein, erlebt zu haben.

Rites de passages – Rituale des Übergangs sind für unser Leben wichtig. Der erste Kuss gehört dazu. Auch Kommunion oder Konfirmation oder auch Jugendweihe. Ein Schritt, der früher wahrhaftig ins Erwachsenenleben entließ. Die Mädchen gingen nach der Konfirmation, wie man es damals *formulierte, »in Stellung«, wurden also Hausangestellte bei anderen Familien. Die Jungen gingen in die Lehre. Auch die Feier des Schulabschlusses ist ein wichtiges Ritual. Oder der Führerschein – diese Freiheit, sich selbst dahin bewegen zu können, wohin ich will. Unabhängig von anderen. Interessanterweise scheint das bei der jüngeren Generation weniger Bedeutung zu haben als bei uns damals. Aber all das sind Schritte auf dem Weg in die Selbstständigkeit.*

Erwachsenwerden ist aber ein viel, viel längerer Prozess. In einem Gespräch haben wir überlegt, ob wir für vieles zu jung waren. Ich, Margot, denke manchmal: Wie konntest du mit 25 predigen, beerdigen, Trost geben? Mir fehlte doch eigentlich die Lebenserfahrung, um andere begleiten und trösten zu können!

Ich, Andreas, denke manchmal: Wie konntest du mit 21 bei der Bundeswehr zuständig sein für die Bewachung eines großen Munitionsdepots? War das nicht viel zu viel Verantwortung? Wie hätte ich im Ernstfall gehandelt?

Junge Leute gehen Schritte in die Selbstständigkeit, müssen Verantwortung übernehmen, aber ohne die Erfahrung des Lebens, die manche Einschätzung im Alter leichter macht. Es ist gut und richtig, den Jungen etwas zuzutrauen. Aber es ist auch hilfreich, Erfahrung zu haben. In unserer Gesellschaft scheint die Balance ein wenig verloren gegangen zu sein. Jung sein ist ein Wert an sich, alt sein hat manchmal den Beigeschmack des Minderwertigen. Aber erst das Zusammenspiel von beidem kann eine Gesellschaft stabilisieren.

Wenn wir uns als junge Erwachsene verlieben, ist es anders als in der Pubertät. Perspektive kommt ins Spiel. Wir denken darüber nach: Ist das jetzt der richtige Mensch für das ganze Leben? Das ist auch gut so. Denn so gründen Paare Familien, haben den Mut, Kinder zu bekommen, Bäume zu pflanzen, Häuser zu bauen. Das scheint in unserer DNA zu liegen. Wir freuen uns, wenn unsere Kinder heiraten. Das ist ein Ja zum Leben, zur Zukunft. Ein Vertrauen ins Leben. Gleichzeitig wissen wir – und unsere Kinder ja auch –, dass Beziehungen Höhen und Tiefen durchleben. Und manchmal Paare auch erkennen müssen, dass es besser ist, den Weg getrennt weiterzugehen. Das Ja zur Ehe und die Realität der Möglichkeit der Scheidung schließen sich aber nicht aus. Es geht um das Wagnis, sich zu binden.

Bei einer Trauung versprechen sich Paare im vollen Ernst, ein Leben lang zusammenbleiben zu wollen. Ja, Bindung will gewagt sein. Und in einer Welt, die immer mehr Unverbindlichkeit predigt, scheint genau das wichtig und zukunftsweisend. Eine Gesellschaft, in der sich niemand mehr binden will, verliert das Gewebe, das sie zusammenhält.

Wenn wir älter werden, können wir das Leben eher als Weg sehen, auf den wir zurückblicken. Mit Stationen, die entscheidend waren. Und mit Phasen, die eher dahingeplätschert sind, bei denen wir gar nicht mehr genau sagen können, was in den Jahren passiert ist. Aber dass sich das Leben gliedert durch Rituale, das hat Bedeutung. Die christliche Tradition hat wie andere Religionen dazu vieles anzubieten. Und es ist traurig, dass so viele Kinder das gar nicht mehr kennenlernen.

Für uns war in der Erziehung der Kinder wichtig, sie mit hineinzunehmen in diese Tradition der Väter und Mütter im Glauben. Es beginnt mit dem Advent, dieser wunderbaren Zeit der Vorfreude auf Weihnachten. Schon der Martinstag ist ein Vorbote: der Mann, der seinen Mantel mit einem Frierenden teilte und nicht mehr Soldat sein wollte. Dann die Rituale rund um den Adventskranz, den Johann Hinrich Wichern erfunden hat für die Kinder, die er im Rauhen Haus betreute. Ein evangelischer Anstoß, der längst ökumenisch, ja säkular aufgegriffen ist. Das Weihnachtsfest mit dem Baum, der erleuchtet ist als Zeichen für Jesus, das Licht der Welt. Eine deutsche Tradition, die es als Exportartikel in alle Welt geschafft hat. Die Sternsinger, eine katholische Tradition, die längst ökumenisch ist. »Christus segne dieses Haus.« Christus mansionem benedicat – CMB wird mit Kreide an die Haustür geschrieben. Und die Sternsinger sammeln am 6. Januar, dem Epiphaniastag, dem Tag, an dem Jesus als Gottessohn sichtbar wurde, für Projekte, die arme Kinder unterstützen. Dann die Passionszeit: Aschermittwoch, Gründonnerstag, Karfreitag und schließlich Ostern. Wie wunderbar lässt sich das gestalten. Auch Pfingsten, als Fest der Geistkraft, des Mutes, zum eigenen Glauben zu stehen, kann in der Familie, auch bei Familiengottesdiensten wunderbar gefeiert werden. Wie wichtig sind Sommerrituale, Spiele für Kinder, Naturerfahrungen.

Und dann Erntedank! Wir danken für das Obst und Gemüse, das wir ernten durften, für das Getreide, aus dem wir Brot backen können. Dankbar zu sein, haben viele heute verlernt. Und viele Kinder kennen die Zusammenhänge nicht mehr. Dabei sind Kinder so empfänglich dafür, zu sehen, wie etwas wächst. Respekt vor der Natur zu lernen, aber auch das Kochen, das Essen bewusst wahrzunehmen – darum geht es.

Aber auch die »traurigen Feste« gehören zum Leben: Volkstrauertag, Buß- und Bettag, Totensonntag. Auch diese Tage können wir mit Kindern begehen, denn sie haben Fragen nach Leid und Tod, die Raum brauchen. Raum und die Suche nach Antwort.

Mit diesen Ritualen sind wir aufgewachsen und haben sie später in unseren eigenen Familien an unsere Kinder weitergegeben. Das war uns wichtig, damit sie Halt und Orientierung finden, Wertevorstellungen entwickeln können – in aller Freiheit, wie wir damals.

Es geht um Stationen im Jahr und Stationen im Leben. Mit Ritualen gestalten wir sie. Und auch im Älterwerden ist es noch möglich, offen zu sein für Neues. Hermann Hesse schreibt in seinem bekannten Gedicht »Stufen«: »Wie jede Blüte welkt und jede Jugend dem Alter weicht, blüht jede Lebensstufe, blüht jede Weisheit auch und jede Tugend zu ihrer Zeit und darf nicht ewig dauern.«[2]

Das Leben verändert sich an den verschiedenen Stationen. Es erfordert auch Mut, nicht festzuhalten an dem, was schon immer so war oder schon lange so ist, sondern neue Herausforderungen anzupacken. Dafür braucht es ein Fundament an Werten.

HEIRATEN

MARGOT // Ich habe an meinem 23. Geburtstag geheiratet. Ein Grund war sicher, dass ich das Gefühl hatte, es ist an der Zeit. Ein anderer, dass wir unverheiratet zusammengewohnt haben. Das war für jemanden, der einen kirchlichen Dienst anstrebt, eher unangemessen, so habe ich das damals auch empfunden. Aber mit 23 Jahren zu heiraten, war für damalige Verhältnisse eher jung.

ANDREAS // Ich habe auch sehr früh geheiratet, nach heutigen Maßstäben jedenfalls.
Wie alt warst du?
Moment, mal nachdenken. 24, ja.
Und dann bin ich nach der Hochzeit auch sehr schnell Mutter geworden, ein Jahr später ist unsere Tochter geboren. Weil wir gedacht haben: Wenn wir verheiratet sind, warum dann nicht auch Kinder kriegen? Ob das ins Studentenleben passt, darüber haben wir nicht lange nachgedacht.
Das war bei uns ähnlich. Wir haben auch ein Jahr später Nachwuchs bekommen. Mir war es wichtig, erst zu heiraten und dann den Kinderwunsch zu verwirklichen.
Das ist heute gar kein Thema mehr. Es gibt ja Paare, die bekommen erst Kinder und heiraten dann. Andere leben

jahrelang zusammen, bevor sie heiraten. Aber das war für uns damals, muss ich schon sagen, auch eine wichtige Reihenfolge: erst heiraten, dann Kinder kriegen.

Rückblickend betrachtet, empfinde ich es so, dass wir schon sehr früh Nachwuchs bekommen haben. Alles unter einen Hut zu bekommen, das Studium und die Verantwortung für ein Kind, war nicht einfach.

Habt ihr eigentlich groß geheiratet?

Nein, es war eine eher kleine Feier, wir waren ja beide noch Studenten. Gefeiert wurde in einem Bürgerhaus, mit wenigen Gästen.

Aber auf jeden Fall auch kirchlich.

Auch kirchlich. Wir haben katholisch geheiratet.

Ich weiß noch, ich hatte ein kleines Kleid mit blauen Blümchen aus einem indischen Laden in Marburg an und flache weiße Sandalen. Getraut hat uns mein Schwager, der Mann meiner Schwester. Und dann haben wir im Gemeindehaus gefeiert. Mit selbst gebackenem Kuchen, den die Schwestern mitbrachten, und Rouladen, die unsere Mütter vorgekocht hatten. Da mussten wir nur noch Kartoffeln kochen. Es war eine schöne Hochzeit, ich glaube es waren 60, 70 Leute und um 10 Uhr abends war Schluss.

Bei uns war es ähnlich, die Verwandtschaft, Schwiegermutter, Schwiegervater, Cousinen und Tanten haben sich an der Vorbereitung beteiligt, Kuchen gebacken, es gab Braten. Wenn ich dann sehe, wie heutzutage geheiratet wird, empfinde ich unsere damalige Feier im Rückblick als sehr bescheiden. Manche Hochzeiten werden ja heute richtig groß und pompös gefeiert. Das wäre nicht mein Ding gewesen.

Ich denke, da haben sich die Bilder geändert. Vielleicht ist das auch der Einfluss der Serien, die dann aus Amerika herübergeschwappt sind. Als Pfarrerin musste ich manchmal darauf drängen, dass nicht der Vater die Braut in die Kirche geleitet, so wie es die Menschen im Film gesehen hatten und nun nachahmen wollten. Das fand ich immer eine merkwürdige amerikanische Form, die auf einmal hierzulande eine Rolle gespielt hat – auch mit Blick auf eine Art »Besitzübergabe« der Braut.

Also ich war jedenfalls ganz zufrieden mit unserer Form der Hochzeitsfeier.

Das waren wir auch. Unsere Ehe hat 26 Jahre gehalten – das ist mehr als ein Vierteljahrhundert. Bei der Scheidung war die Zeitspanne des Zusammenseins größer als die Zeit, in der ich ohne meinen Ehepartner gelebt hatte. Heute denke ich manchmal: Warum habe ich eigentlich gesagt, meine Ehe ist gescheitert? Das sehe ich mehr als zehn Jahre nach der Scheidung doch anders. Das waren intensive, wichtige Jahre. Wir haben Werte geteilt, vier Kinder erzogen und uns dann einvernehmlich getrennt. Ich würde das heute nicht mehr Scheitern nennen.

Auch da stimmen wir überein! Jetzt im Nachgang jedenfalls, nachdem das schon über zehn Jahre her ist. Anfangs habe ich die Scheidung schon als Scheitern angesehen. Um sich von bestimmten Gedanken zu befreien, soll man ja auch Dinge aufschreiben. Kurz nach der Scheidung habe ich mir folgenden Satz notiert: »Ich hatte immer das Gefühl, angekommen zu sein. Und auf einmal musste ich feststellen, dass die Reise jetzt wieder neu losgeht.« Das war natürlich schon heftig, die ersten Wochen und Monate der Verarbeitung. Eine der größten Krisen, die ich bisher erlebt habe in meinem Leben. Damals habe ich ein Gedicht über meine Gefühlslage geschrieben:

Mehr Licht
Die Himmel voller Tränen
Wie Regentropfen
Füllen sie den leeren Raum.
Es bleibt ein unergründlich Sehnen
Der ewig gleiche Traum.
Dass Sonne bricht
Durch dunkle Wolkentürme
Jede Träne wird zum Farbentanz.
Und im bunten Regenbogenglanz
Spiegelt sich der Sonne Licht
Erstrahlet neue Zuversicht.

Finde ich schön. Zuversicht hat allerdings bei mir echt gedauert. Für mich war es so, dass für uns als Paar schon länger klar war, dass wir uns trennen wollen. Das ist ja ein langer Prozess. Du sagst nicht am Donnerstag: Oh, am Montag lassen wir uns scheiden. In dem Prozess überlegst du: Will ich die Ehe wirklich beenden? Was bedeutet das für uns alle? Für die Kinder?

Ich war dann froh, als wir den Gerichtstermin hinter uns hatten. Aber ich hatte ganz große Angst vor der Reaktion in der Kirche und der Öffentlichkeit. Und da muss ich sagen, habe ich dann auch ein Spießrutenlaufen erlebt, das mich ganz schön mitgenommen hat. Dass alle meinten, urteilen zu können. Und dann stand überall: Sie hat sich scheiden lassen. Dann dachte ich immer: Wir haben uns scheiden lassen. Es gibt kein Schuldprinzip mehr, sondern ein Zerrüttungsprinzip.

Ich war das erste Mal vor Gericht. Als der Richter dann sagte: »Im Namen des Volkes ergeht folgendes Urteil«, dachte ich, was hat denn das Volk mit meiner Ehe zu tun?

Es war auch bei mir so, dass sich die Entscheidung, dass wir uns trennen, langsam entwickelt hat. Lange Zeit glaubt man, ein Problem wieder in den Griff zu bekommen. Und es ist schmerzlich zu erfahren, dass der Wille und alle Bemühungen, die Ehe zu retten, letztendlich ohne Erfolg waren.

Mir ist wichtig zu sagen, dass ich überzeugt bin, niemand lässt sich leichtfertig scheiden – nach dem Motto »Ach dann lassen wir das halt mit der Ehe«. Diejenigen, die ich kenne, die auch eine Scheidung durchleiden mussten, haben die Phase durchweg als schmerzlich erlebt.

Mich hat jemand damals, als wir uns scheiden ließen, empört gefragt: Wollen Sie jetzt alle Ehen infrage stellen, die lange währen? Was für ein Unsinn! Ich finde es toll, wenn Leute es schaffen, lange verheiratet zu sein und miteinander glücklich, wirklich glücklich zu bleiben. Also nicht einfach nur beieinanderbleiben, weil es halt so ist, sondern miteinander kreativ und froh sind. Und ich freue mich natürlich mit allen, deren Ehe ein Leben lang Bestand hat.

Aber bei uns war das nicht der Fall, und ich denke, wir sind beide der Meinung, dass es besser war, dass wir getrennte Wege gegangen sind. Das heißt nicht, dass wir nicht mit Blick auf unsere Kinder und Enkel auch gemeinsame Sorge oder Verantwortung verspüren.

ELTERN SEIN

MARGOT UND ANDREAS // *Wir haben beide vier Kinder, zwei unserer Töchter tragen denselben Namen, beide sind wir Eltern von Zwillingen. In unseren Gesprächen sind die »Kinder« stets sehr präsent. Sie sind alle erwachsen, oft selbst schon Eltern, aber die Beziehung zu ihnen ist für uns wichtig.*

Wir sind beide wie gesagt – jedenfalls für westdeutsche Verhältnisse – jung Vater bzw. Mutter geworden. Und wir haben uns beide gefragt, ob das gut war. Heute scheint uns die Antwort klar: Es war gut. Wir waren jung, haben nicht so viel überlegt oder geplant, konnten ohne große Erziehungsratgeber klarkommen. Und es war gut mit Blick auf heute, weil wir voller Freude am Leben unserer Kinder und Enkel teilhaben und selbstbestimmt mit vielen Freiheiten leben können.

Was wollen wir Kindern mitgeben? Vor allem Liebe und Vertrauen ins Leben! In unseren Gesprächen wurde deutlich, dass wir uns an diesem Punkt auch von unseren Eltern absetzen wollten. »Die deutsche Mutter und ihr erstes Kind« haben unsere Mütter als Erziehungsratgeber in die Hand gedrückt bekommen. Da heißt es: das Kind nicht verwöhnen, auch mal schreien lassen, mit dem Kind nicht spielen. Das wollten wir anders machen. Kein Zwang, keine Strafe, sondern Zuneigung sollte im Vordergrund stehen.

Als wir Eltern wurden, war die Erfahrung ja auch überwältigend: ein Kind! Was für ein Wunder. Wir haben gemeinsam mit unseren Ehepartnern unsere Kinder taufen lassen, haben uns gewünscht, dass sie von Gott gesegnet sind. Wir haben versucht, sie zu Musik und Sport zu animieren. Interessant ist, dass wir beide viele Erfahrungen mit Familienfreizeiten im christlichen Kontext gemacht haben, weil wir das gut fanden. Und dann gingen viele Jahre, ja Jahrzehnte ins Land, die sich nur um unsere Kinder drehten: von Masern und Keuchhusten bis hin zu Schultüten, Hausaufgaben, Sport, Musikunterricht. Impfgegner sind wir beide nicht, nach diesen Erfahrungen! Aber manchmal wundern wir uns, wie wir als Familien das alles gemeistert haben. Wenn wir zurückblicken, wird uns bewusst, dass wir am Anfang nicht im Blick hatten, dass es lange dauert, bis Kinder auf den eigenen Füßen stehen. Und dass sie uns ein Leben lang prägen und begleiten.

Wir empfinden das als großes Glück. Aber wir unterschätzen auch nicht den Kraftakt, Kinder zu erziehen und zu begleiten. Kinder sind ein Geschenk, ein Segen. Aber sie fordern den Eltern vieles ab an Zeit und Energie.

ANDREAS // Die Erziehung unserer Kinder habe ich immer als Gemeinschaftsaufgabe gesehen. Wenn ich hier in der ersten Person schreibe, dann um meine geschiedene Frau nicht zu vereinnahmen.

Bei den Geburten meiner vier Kinder bin ich dabei gewesen. Anwesend zu sein, diese so besondere Situation als Eltern miteinander zu erleben war für mich selbstverständlich. Heute ist mir bewusst, dass das in meiner Generation eher ungewöhnlich war. Mit Hoffen und Bangen versuchte ich mich immer bei den Geburten irgendwie einzubringen und, so gut es geht, meine Frau zu unterstützen. Gemeinsam haben wir Geburtsvorbereitungskurse besucht. Manche haben das belächelt, ich denke bis heute, es war gut so.

Was für ein überwältigendes Gefühl es war, ein neues Menschenkind zum ersten Mal in den Armen zu halten! Diese Momente eines maximalen Glücks werde ich nie vergessen. Dass jemand zu mir »Papa« sagt, daran musste ich mich später erst mal gewöhnen. Ich denke, Elternwerden katapultiert Vater und Mutter mit einem Mal in eine nie gekannte Verantwortung. Ab diesem Zeitpunkt ist man nicht mehr nur für sich selbst verantwortlich, sondern da gibt es ein Wesen, das voll und ganz von dir abhängig ist und es lange sein wird. Ob sich alle Eltern dieser Verantwortung bewusst sind? Das erste Kind veränderte mein bisheriges Leben und auch die Partnerbeziehung fundamental. Und ich denke, dass das für die Mehrzahl frischgebackener Eltern gilt.

Erst in den letzten Jahren wurde mir bewusst, dass ich damals sofort das klassische Rollenschema meiner Eltern und ihrer Generation übernommen habe: Der Vater hat für das materielle Wohl der Familie zu sorgen, er geht arbeiten, die Mutter versorgt die Kinder. Ich habe das seinerzeit nicht infrage gestellt, ich hatte dieses Muster verinnerlicht. Aber im Nachhinein betrachtet denke ich, es kann für den Mann eine große Bürde sein, wenn er allein diese Rolle meistern soll. Ich finde, es ist ein großer Fortschritt, dass Väter heute bezahlt Elternzeit nehmen können.

Für mich hatte die Familie ab dem ersten Kind oberste Priorität. Sie stand im Mittelpunkt meines Denkens und Handelns. Musizieren, Sport – alles trat demgegenüber in den Hintergrund. Ich nahm mir vor, ein guter Vater zu sein, was immer das auch heißen mag. Ob es mir gelungen ist? Diese Frage können nur meine Kinder beantworten. Sicherlich gab es damals auch Erziehungsratgeber, aber die habe ich nicht gelesen. Auch gab es in bestimmten Kreisen Ansätze, die eigenen Kinder antiautoritär (manche sagen: emanzipatorisch) zu erziehen. Das war mein Interesse nicht. Ein besonderer, intellektuell unterfütterter Erziehungsstil schwebte mir nicht vor. Da ging es eher um Intuition.

Wenn ich heute beobachte, wie überbeflissene und überbesorgte Eltern, man nennt sie ja auch Helikoptereltern, mit ihren Kindern umgehen, kann ich nur schmunzeln. Neulich las ich davon, dass es tatsächlich noch schlimmer kommen kann und Eltern ihre Kinder nicht nur überbehüten, sondern danach trachten, ihnen jegliches Hindernis aus dem Weg zu räumen. Diese werden Curling-Eltern genannt. Denn bei der Sportart »Curling« (ähnlich dem Eisstockschießen) wird alles vor dem Eisstock weggeputzt. Die Eltern möchten mit diesem Vorgehen dem Kind jeden Wunsch erfüllen und es von jeglichem Frustrationserlebnis fernhalten. Furchtbar!

Da frage ich mich doch, wie haben frühere Generationen ihre Kinder groß bekommen? Meine Kinder sind aber genau die Generation, die jetzt Eltern werden oder sind und auf den aktuellen Zeitgeist bei der Erziehung aufspringen. Wie kommt das? Wie entsteht eine solche Entwicklung? Alle Eltern wollen für ihr Kind nur das Beste. Das verstehe ich. Dazu gehört aber auch, dass die Kinder lernen, mit Niederlagen und anderen Enttäuschungen umzugehen. Ein afrikanisches Sprichwort sagt: »Es braucht ein ganzes Dorf, um ein Kind aufzuziehen.« Das gefällt mir. Denn Kinder werden nicht nur von den Eltern erzogen, sondern ihr gesamtes soziales Umfeld prägt sie mit.

Was mir beim Umgang mit meinen Kindern stets geholfen hat, ist ein Satz von Friedrich Fröbel, dem Erfinder der Kindergärten: »Erziehung ist Liebe und Vorbild.« Ich denke genauso, viel mehr braucht es nicht, alles andere lässt sich daraus ableiten.

Mir kommen Situationen in den Sinn, in denen ich mein kleines Kind im umgebundenen Tuch auf dem Bauch vor mir hertrage. Wenn ich so draußen spazieren gegangen bin, war ich immer unbändig stolz und hatte den Gedanken, stets für dieses Kind da sein zu wollen. Es fühlte sich an wie eine Symbiose zwischen Vater und Baby, und ein wenig konnte ich nachempfinden, wie es wohl ist, solch ein Kind nicht in einem Tuch, sondern wie die Mutter im eigenen Bauch zu tragen. Mehrmals habe ich miterlebt, was eine Schwangerschaft bedeutet und wie schwer sie sein kann. Dennoch hatte ich manchmal den Gedanken, dass es eigentlich schade ist, dass ich als Mann das nicht erleben kann. Genauso wie das Stillen eines Babys. Das Bild der stillenden Mutter strahlt für mich solch eine Innigkeit, Zärtlichkeit und eine wundervolle Ästhetik aus.

Wenn ich mit meinen Kindern an der Hand spazieren gegangen bin, kam mir oft das Kirchenlied »Wenn das Brot, das wir teilen« in den Sinn. Die dritte Strophe beginnt mit dem Satz: »Wenn die Hand, die wir halten, uns selber hält ...«

Wir halten die Hand des Kindes, weil es uns braucht, weil wir es führen und halten und ihm im doppelten Sinne den Weg weisen. Aber gleichermaßen hält uns unser Kind, weil es uns zeigt, wofür es sich zu leben lohnt, wo wir Sinn finden. Wir spüren, wie zart und zerbrechlich das junge Leben ist und dass wir Schutz geben müssen. Wir lernen wieder, die Welt mit den Augen eines Kindes zu sehen. Kinder geben uns Kraft zum Leben, sie halten uns.

Dass Männer den Kinderwagen schieben, war damals nicht üblich. Ich habe oft die mitleidigen Blicke der Passanten bemerkt. Doch ich habe es trotzdem mit Freude getan!

Heutzutage ist das kein Thema mehr, und ich finde es toll, dass auch immer mehr Männer aus anderen Kulturkreisen ihre Kinder im Kinderwagen spazieren fahren. Was ich hingegen gar nicht verstehen kann, ist, wenn Mütter oder Väter ihren Kindern dabei überhaupt keine Aufmerksamkeit schenken und anstatt Blickkontakt zu ihrem Sprössling zu haben, lieber auf ihrem Smartphone »rumdaddeln«.

Damals war ebenfalls verpönt, nicht angesagt, dass Männer Wäsche aufgehängt haben, noch dazu in der Öffentlichkeit. Als moderner aufgeklärter Vater wollte ich mich natürlich auch dieser Tradition nicht unterwerfen. Als ich an einem Samstagnachmittag im Garten meiner Schwiegereltern Wäsche an die Leine hängte, riefen mir ein paar junge Männer im Vorbeigehen zu: »Na, stehst wohl ziemlich unterm Pantoffel, was?«

Ich denke, seitdem hat sich einiges getan, und viele Männer in Beziehungen haben kein Problem mit häuslicher Arbeit. Ob diese immer gleich verteilt wird, ist eine andere Frage. Wenn beide Partner berufstätig sind, sollten sie sich die Hausarbeit entsprechend aufteilen. Allerdings vertrete ich bis heute die Meinung, dass nicht jede und jeder alles können und machen muss – sondern das, was er oder sie am besten kann bzw. was Spaß macht. Falls die Frau gerne kocht, soll sie es gerne tun. Der Mann kann die Wäsche aufhängen, wenn er dazu Lust hat. Und das Fahrradflicken muss sie nicht unbedingt lernen, wenn es ihr keinen Spaß macht, aber dem Partner. Hauptsache ist, dass es ein konstruktives Miteinander gibt.

MARGOT // Wir sind da sicher eine Art »Übergangsgeneration«. Mein Mann hat auch Windeln gewechselt und Wäsche aufgehängt. Das galt damals geradezu als revolutionär – und heute lächeln wir darüber. Es ist selbstverständlich geworden. Mein Vater hätte nicht gewusst, wie Windeln gewechselt werden. Und doch erlebe ich, dass manche alte Zuschreibungen festsitzen. Da wird eine Frau Kanzlerkandidatin, und sofort wird öffentlich darüber spekuliert, was das für ihre Kinder im Grundschulalter bedeutet. Das ärgert mich. Selbstverständlich wird das ihre Kinder tangieren. Aber bei jedem Mann, der Vater von Schulkindern ist, wäre es genauso. Wo liegt der Unterschied? Ich glaube, im Hintergrund ist stets der Gedanke präsent: Es ist gewiss eine Frau, die für die Stabilität der Familie sorgt.

Ich habe das selbst erlebt, als ich Kandidatin für das Bischofsamt in Hannover wurde. Ständig wurde gefragt, was das für meine vier Töchter bedeutet. Mir kam das so vor, als wollte die Öffentlichkeit meine Kinder vor meinem vermeintlichen Ehrgeiz schützen. Als wäre ich nicht selbst, gemeinsam mit ihrem Vater, in der Lage, das abzuwägen und zu verantworten. Doch es ändert sich etwas, das ist deutlich. Nur noch 28,9 Prozent der Bevölkerung stimmen der Aussage zu, ein Mann müsse die Familie selbst ernähren. 75,4 Prozent nehmen allerdings wahr, dass die Mehrheit der Aussage zustimmen würde.[3]

In der Tat müssen Eltern Entscheidungen durchaus eines Tages vor den Kindern verantworten. Aus Erfahrung im

Familien- und Freundeskreis weiß ich, wie unterschiedlich jede und jeder dabei zurückblickt. Der eine wäre gern im Internat gewesen, die andere empfand es als Zurückweisung, von den Eltern dorthin geschickt zu werden. Die eine fühlte sich gegängelt, dem anderen war es der Freiheit zu viel. Der eine fand es »ätzend«, ein Instrument lernen zu müssen, die andere hätte sich gewünscht, genau diese Möglichkeit gehabt zu haben.

Es ist gut, wenn Eltern die Ruhe – und ich würde auch sagen, den Mut – haben, sich von den erwachsenen Kindern mit diesem Rückblick konfrontieren zu lassen. Wir haben das als Familie getan, und ich fand es wichtig, dass ausgesprochen wurde, was die jeweiligen Empfindungen waren.

Als ich einen Artikel zu Annalena Baerbock kritisiert habe, schrieb mir jemand, es sei doch klar, dass die Töchter einen hohen Preis zahlen müssten. Ja, das ist gewiss so. Aber bei welchem Mann wurde je gefragt, welchen Preis die Kinder zahlen? Die Eltern müssen entscheiden und die Entscheidung dann auch gemeinsam verantworten. Das habe ich selbst sehr dicht erlebt.

Der Gegenkandidat bei der Bischofswahl in Hannover 1999 hatte fünf Söhne. Aber das sah offenbar niemand als Problem an. Mein Mann und ich hatten uns die Frage, ob ich kandidieren sollte, gut überlegt. Er war bereit, beruflich deutlich zurückzustecken. Das tat er sehr bewusst und entschieden, um aufzufangen, was ich familiär nicht mehr würde leisten können. Trotzdem ist es so, dass du als Mutter den Alltag der Kinder mitdenkst: Hat Lea daran gedacht, den Turnbeutel mitzunehmen, ist der Mathetest von Sarah eigentlich heute? Wir hätten doch dafür zusammen üben müssen!

Dieses Multitasking ist oft das Thema von Witz und Satire. Es entstehen manchmal groteske Situationen. Familie und Beruf unter einen Hut zu bekommen, ist eine riesige Herausforderung. »Multitasking« – so habe ich viele berufstätige Mütter erlebt, auch mich selbst. Und es ist ja auch gut so, dass manches auf mehreren Ebenen ineinandergreift! Work-Life-Balance heißt ja nicht, dass immer alles ausgeglichen ist, sondern dass ich Beruf und Alltagsleben nicht total auseinanderdividiere. Als »Chefin« waren mir berufstätige Mütter immer die liebsten Mitarbeitenden, weil sie schlicht ungeheuer zeiteffektiv an Aufgaben herangehen.

Aber klar, so zu leben fordert auch seinen Tribut! Schlechtes Gewissen ist vorprogrammiert. Und Zeit für dich selbst bleibt dir als berufstätige Mutter kaum. Ich sehe das bei vielen Frauen in der Generation meiner Töchter. Und es ärgert mich, wenn sie sich bei allem, was sie leisten, auch noch für ihren Lebensentwurf rechtfertigen müssen. Mir liegt daran, dass Frauen selbst entscheiden können, wie ihr Lebensentwurf aussieht. Mit oder ohne Kinder. Mit Kindern, ohne Berufstätigkeit; berufstätig in Teilzeit oder mit voller Stelle – es ist ihre Entscheidung. Damit sie diese Entscheidung frei treffen können, müssen verlässliche Strukturen her. Eine ausreichende Zahl von Kita- und Krippen-Plätzen, gesetzliche Regelungen, die Probleme abfedern.

Ich war eine Zeit lang nicht berufstätig, dann teilweise berufstätig und schließlich im Beruf vollzeitig eingespannt. Die Sorge für meine Töchter blieb dieselbe, auch wenn ich sie zeitlich anders gestalten musste. Ich bin dankbar für die Möglichkeiten, die ich hatte. Und ich habe rückblickend kein schlechtes Gewissen, sondern denke, ich habe mein Bestes getan, auch wenn ich gewiss keine perfekte Mutter war. Aber wer ist das schon? Für meine Kinder sorgen, Fürsorge im besten Sinne des Wortes, Empathie, Mitgefühl, Liebe – das war mir sehr wichtig. Auch wenn eine Frau keine Kinder hat, spielt Fürsorge in ihrem Leben meist eine große Rolle, für die Eltern, für Nachbarn, für Freunde. Fürsorge ist ein gutes, positives Lebensthema.

Ja, die Fürsorge! Meint ja auch Vorsorge. Damit die gesundheitliche Entwicklung eines Kindes gewährleistet ist, gibt es in unserem Land eine große Anzahl an Vorsorgeuntersuchungen, die auf das Lebensalter des Kindes abgestimmt sind. Die gab es bei meinen Kindern auch schon. Was bedeutete, dass man das Gefühl hatte, ständig beim Kinderarzt zu sein, da alle vier Kinder ihr spezielles Vorsorgeprogramm hatten. Leider werden Kinder dennoch auch mal krank. Dann brauchen sie die ganz besondere Fürsorge und Zuwendung der Eltern. Ich kann mich noch sehr gut daran erinnern, als die drei jüngsten Kinder gleichzeitig Keuchhusten hatten. Die Zwillinge waren etwa zwei Jahre und ihre Schwester fünf Jahre alt. Wer das bei einem Kind schon einmal erlebt hat, der kann sich vorstellen, was es heißt, drei infizierte Kinder gleichzeitig versorgen zu müssen. Keuchhusten wird auch als »100-Tage-Husten« bezeichnet, das ist der Standardverlauf dieser Krankheit. Über viele Wochen hinweg gab es unentwegt Hustenanfälle, gepaart mit Spucken und Erbrechen, vor allem nachts. Mindestens einmal pro Stunde musste eines der Kinder nachts versorgt werden. Das bedeutete nächtelanger Dauereinsatz, wenig Schlaf, ständiges Gefordertsein, keine Erholung. Als die Verzweiflung am größten war, fiel mir ein, was meine Mutter einmal erzählt hatte: dass man in den 50er-Jahren Kinder mit Keuchhusten in eine Unterdruckkammer gesteckt hatte, um die Lunge zu entlasten. Andere Methoden: Man solle mit dem Flugzeug fliegen oder auf einen Berg steigen. Klar, dachte ich mir, man muss für einen Unterdruck sorgen, das kann vielleicht helfen. Unterdruckkammern standen uns nicht zur Verfügung, fliegen kam auch nicht infrage – blieb nur noch der Berg. Ich dachte, einen Versuch ist es wert. Es war Winter, die Kinder wurden dick eingepackt, dann ins Auto gesetzt. Dann ging es auf den nächstgelegenen Berg, um es auszuprobieren. Nun, manche würden ihn vielleicht nicht als Berg bezeichnen mit gerade mal ca. 880 Metern Höhe. Es bestand jedenfalls eine Hoffnung auf Besserung, und so fuhren wir im Schnee auf den Großen Feldberg im Taunus. Oben angekommen, wurden die Kinder auf ihre Schlitten gesetzt und durch den Schnee gezogen. Eine gewisse Aufenthaltsdauer musste es schon sein, um eine Wirkung erzielen zu können. Soweit ich mich erinnern kann, hat diese Unternehmung nichts Merkliches bewirkt. Aber es gab mal eine Abwechslung und einen schönen Ausflug. Mit dieser Erfahrung würde ich mich heute immer für eine Impfung der Kinder entscheiden, egal ob bei Keuchhusten oder Masern.

Wir erinnern uns beide immer wieder an solche besonderen Situationen. Als ich von einer Tagung in Südkorea zurückkam, war ich völlig erschöpft, aber bei den Zwillingstöchtern brachen gerade die Windpocken aus. Es juckte sie allüberall, und um Kratzen und damit Narben zu vermeiden, musste eine weiße Paste aufgetragen werden. Nach meiner Erinnerung lagen wir tagelang im »großen Bett« und haben diese Paste verschmiert. Heute kann gegen Windpocken geimpft werden. Ich verstehe echt nicht, warum Eltern das nicht tun, um ihren Kindern diese Erfahrung zu ersparen.

Mein großes Vorbild in der Erziehung war Astrid Lindgren. Ihre Rede »Niemals Gewalt« bei der Verleihung des Friedenspreises des Deutschen Buchhandels in der Paulskirche in Frankfurt am 22. Oktober 1978 beeindruckt mich bis heute. Die Botschaft ist klar und unmissverständlich. Mir ging es darum, meinen Töchtern Werte zu vermitteln, Grundüberzeugungen, nicht Regeln und Verbote. Im Rückblick ist die Zeit so schnell vergangen. Aber ich sehe heute, dass wir ihnen eine Haltung vermittelt haben, auch die Liebe zur Natur. Sie alle joggen gern, brauchen die Bewegung. Ich staune über sie, wie sie sich zu jungen Frauen und Müttern entwickelt haben, die im Leben stehen. Wenn ich sie heute sehe, weiß ich auch, dass ich alt bin. Aber ich bin so dankbar für sie. Und auch dankbar, meine Enkel erleben zu können.

Dass wir beide je vier Kinder haben, macht es in der Partnerschaft leichter, denke ich. Da gibt es schlicht eine hohe Toleranz. Wenn ein Sohn von Andreas anruft und ich höre am Ton, das wird ein längeres Gespräch, kann ich das gut akzeptieren, ziehe mich ein bisschen zurück, lese etwas, weil ich weiß: Die beiden brauchen jetzt Zeit zum Reden. Und wie schön, dass sie miteinander reden! Ich selbst telefoniere auch oft mit meinen Töchtern. Eine sagte mal: »Gut, dass du 24/7 erreichbar bist, Mama!« Ich freu mich, wenn ich erreichbar bin, aber ich weiß auch, das könnte andere nerven. Bei Andreas empfinde ich das nicht so. Aber wir haben unausgesprochen unsere Handys bei den gemeinsamen Mahlzeiten lautlos gestellt, das finde ich gut. 24/7 kann auch mal eine Unterbrechung haben.

Für mich sind natürlich auch die sieben Enkelkinder ein großes Thema. Ich bin sehr glücklich und dankbar, sie aufwachsen zu sehen. Sie sind gewiss geprägt von Eltern und Herkunft. Aber je doch auch wieder ganz eigen. Und Andreas wird wohl nun auch bald Großvater sein. Auch da braucht es Toleranz. Wer wird wann wo gebraucht? Einmal waren wir im Urlaub in Portugal. Mein jüngster Enkel musste operiert werden, keine große Sache, aber er war erst wenige Monate alt. Meine Tochter war sehr verzagt. Und ich mit ihr. Andreas hat das gesehen und gesagt: Dann lass uns doch einfach zurückfahren. Das hat mir gutgetan, kein Vorwurf, kein Gerangel, sondern Verständnis.

Zu den lustigen Geschichten gehört, dass ich relativ zu Anfang unserer Partnerschaft einen Vortrag in der Nähe der Wohnung meiner ältesten Tochter gehalten habe. Sie und ihr Mann wollten gern mitkommen und fragten Andreas, ob es okay wäre, wenn er ihre kleine Tochter für zwei Stunden betreut. Er sagte, das mache er gern. Ausgerechnet in diesen zwei Stunden hat sie zweimal die Windel richtig vollgesch… Er hatte seit 20 Jahren nicht gewickelt, es aber tapfer gemeistert. Wir haben gelacht, aber ich fand es einfach auch toll. Einerseits, dass die Eltern ihm das Kind anvertraut haben. Andererseits, dass er die Herausforderung als erfahrener Vater locker gemeistert hat. Manchmal erzählen wir einander Geschichten aus der Zeit, in der unsere Kinder klein waren, und können im Rückblick kaum glauben, was wir damals alles unter einen Hut bekommen haben.

In jungen Jahren war ich ein leidenschaftlicher Fußballspieler. Von meinem zehnten Lebensjahr an bis zur A-Jugend, da ist man 18 Jahre alt, habe ich dreimal pro Woche auf dem

Fußballplatz gestanden. Danach nahm mein Interesse an Fußball ab. Das änderte sich erst wieder, als meine Zwillingssöhne im Alter von etwa sechs Jahren den Wunsch äußerten, in einen Fußballverein einzutreten. Das fand ich gut, sportliche Betätigung ist für Kinder immer sinnvoll. Einmal pro Woche habe ich die Jungs zum Training gefahren und am Wochenende manchmal zu einem Turnier. An das erste Turnier kann ich mich noch gut erinnern, jede Mannschaft bestand aus sieben Spielern, gespielt wurde auf einem kleinen Spielfeld. Die Kinder im Alter zwischen fünf und sechs Jahren waren ganz stolz in ihren Trikots. Als das Spiel anfing, liefen alle zwölf Spieler auf den Ball zu. Man sah nur noch ein Knäuel von Kindern, und irgendwo dazwischen musste der Ball sein.

Einige Monate später stellte sich heraus, dass der Trainer die Mannschaft, in der meine Söhne spielten, nicht mehr weiter trainieren konnte. Wer von den Eltern sollte jetzt übernehmen? Bei dieser Frage schauten alle betroffen unter sich – wie bei einem Elternabend, wenn die Wahl zum Elternsprecher ansteht und niemand gewählt werden will. Da habe ich spontan die Aufgabe übernommen und ab diesem Moment vier Jahre lang zwei- bis dreimal pro Woche auf dem Fußballplatz gestanden. Es hat viel, viel Spaß gemacht. Die ehrenamtliche Arbeit, die in den vielen Sport- und anderen Vereinen bundesweit tagtäglich geleistet wird, kann gar nicht hoch genug wertgeschätzt werden. Kinder und Jugendliche lernen hier Team- und Konfliktfähigkeit. Sie finden Freunde und Freundinnen und noch etwas ganz Wichtiges: Sie lernen mit Niederlagen umzugehen.

Neben Sport war mir auch die musische Seite in der Erziehung wichtig. Unsere Kinder haben alle ein Instrument gelernt. Aus der positiven Erfahrung, die ich selbst gemacht hatte, wollte ich dieses Erlebnis auch meinen Kindern ermöglichen. Natürlich war es nicht immer leicht, sie zum Üben zu motivieren. Da gab es manche Auseinandersetzungen. Ich weiß noch, dass einer meiner Söhne im Alter von zehn Jahren, als ich ihn mal wieder zum Üben der Trompete animieren wollte, wütend schrie: »Niemand in meiner Klasse muss ein Instrument lernen, nur ich!«

Mein Gedanke war: Du darfst ein Instrument lernen, und später wirst du dich darüber freuen, damit richtig schön musizieren zu können. Du wirst dich mit anderen Musikern zusammentun und erleben, wie beglückend Musikmachen sein kann. Dass man in einer neuen Umgebung schnell Anschluss finden kann über die Musik. Klar, einem Kind erschließen sich diese Zusammenhänge nicht von alleine, und es braucht eine gehörige Portion Geduld und Einsatz der Eltern, damit Üben Früchte trägt. Bei meinem Sohn hat das Musizieren später die berufliche Entscheidung mit beeinflusst. Mittlerweile ist er Toningenieur. Für dieses Studium musste man mindestens ein Instrument sehr gut spielen können.

Meine Töchter haben Klavier und Kirchenorgel spielen gelernt. Der zweite Sohn Saxofon. Auch wenn alle drei ihr Instrument derzeit selten oder gar nicht benutzen, so bietet doch die solide Ausbildung die Möglichkeit, jederzeit wieder in das eigene Musizieren einsteigen zu können.

Bei uns zu Hause wurde auch das Musizieren gefördert. Wir Schwestern haben Flöte gespielt, an die Adventszeit mit dem Quempas erinnere ich mich gern, das sind vierstimmige Advents- und Weihnachtslieder. Meine älteren

Schwestern haben beide die Orgel-C-Prüfung gemacht und waren musikalisch sehr engagiert. Ich habe von allem ein bisschen gemacht: Flöte, Geige, Klavier, Posaune – aber leider nichts so richtig vertieft. Bei meinen eigenen Kindern war mir musikalische Früherziehung wichtig, und jede Tochter hat ein Instrument gelernt. Aber keine hat das Musizieren langfristig beibehalten. Das ist schade, aber dass sie überhaupt einen Zugang zu Musik gefunden zu haben, freut mich.

Wenn ich höre, wie Andreas mit leuchtenden Augen über Fußball spricht, wie er sich von jungen Jahren an dafür begeistert hat, muss ich schmunzeln – wenn ich gleichzeitig an meine eigenen sportlichen Aktivitäten als Kind denke. Rhythmische Sportgymnastik war mir in der Schule ebenso ein Gräuel wie Bockspringen oder Volleyball. Erst als meine Zwillingstöchter geboren wurden, habe ich mit dem Joggen begonnen. Und das hat mich so richtig begeistert. Jetzt jogge ich schon seit 35 Jahren. Beim Laufen kannst du loslassen, die Gedanken können schweifen. Manchmal habe ich dabei die besten Einfälle für Texte. Mir gefällt daran auch, nicht zeitlich oder räumlich gebunden zu sein. Du brauchst keinen festen Trainingsort, nur ein Paar anständige Laufschuhe und los geht es. Mich freut, dass meine Töchter alle auch joggen. Und ab und an, wenn es passt, laufen wir zusammen – wobei ich merke, dass ich deutlich langsamer werde!

Ich habe immer gern mit meinen Kindern gespielt und mache das inzwischen gern mit den Enkeln. Wobei mir Rollenspiele nicht so liegen. Wenn es heißt: »Ich bin jetzt die Lehrerin« oder »Du bist jetzt das Kind«, bin ich begrenzt begeistert, das gebe ich zu. Playmobil und Lego aber baue ich gern, Brettspiele mag ich sehr, Vorlesen natürlich, auch Puzzeln. Vor allem aber bin ich gern an der frischen Luft. Vor einiger Zeit bin ich mit den drei Enkeltöchtern zweieinhalb Stunden durch die Weinberge gegangen. Wir haben geredet, fantasiert, gelacht. Das war einfach schön. Mit zwei Enkelsöhnen bin ich kürzlich auf dem Spielplatz in einen echt massiven Regenguss geraten – Abenteuer pur! Für solche Momente bin ich unendlich dankbar.

Als meine Töchter älter wurden, haben sie alle Doppelkopf gelernt. Das haben wir so gerne zusammen gespielt. Und obwohl ich nie am Handy oder Computer ein Spiel gemacht habe, finde ich inzwischen toll, dass wir uns dazu online verabreden können. Das macht richtig Spaß!

In einer ganz neuen Weise habe ich das Spielen im Kindertheater wiederentdeckt. Mit 50 Jahren habe ich eine Ausbildung als Clown begonnen. Auf der Suche nach einer Möglichkeit, mein erlerntes Clownspiel irgendwo anwenden zu können, stieß ich auf das kleine Tinko-Kindertheater mitten in Gießen. Anfangs zögerte ich bei dem Gedanken, als eine Märchenfigur auf der Bühne zu stehen und vor Kindern zu spielen. Vielmehr hatte ich ja die Clownerie für Erwachsene im Kopf. Aber ich ließ mich darauf ein. Auch weil ich immer gerne mal Neues ausprobiere. Im Märchen »Rumpelstilzchen« war ich sowohl der Vater der Müllerstochter als auch »das Gold«, das sie spinnt.

Margot hatte kurz zuvor einen Vortrag in Werther gehalten. Als Dankeschön wurde eine Tüte mit sage und schreibe zehn Kilogramm »Werthers Echte« überreicht. Was tun mit so vielen in Goldpapier eingepackten Bonbons? Natürlich dachte ich: an Kinder verteilen! Also habe ich nach jeder

Aufführung jedem Kind ein solches »Goldstück« überreicht. Es ist immer schön, die Kinder auf besondere Weise zu überraschen. Und auch meine Posaune kam mit einem Lied zum Einsatz. Ich hatte nicht geahnt, dass mir das so viel Spaß machen würde! Die freudigen Augen der Kinder, die unmittelbar vor der Bühne auf Matratzen und Kissen sitzen. Wie sie mit der Geschichte mitgehen, lachen und durch ihre Zwischenrufe das Geschehen mitbestimmen. All das macht die Schauspieler unwahrscheinlich glücklich. Für eine Rolle als Prinz bin ich ja inzwischen zu alt (wobei Prinz Charles ja auch schon über 70 ist). Aber ich durfte die Hauptrolle beim »tapferen Schneiderlein« spielen. Das Miteinander im Team hat viele Beziehungen entstehen lassen, die mir wichtig sind. Und das ehrenamtliche Engagement ist mir ans Herz gewachsen.

Als ich meiner Mutter von meiner neuen Freizeitbeschäftigung erzählte, freute sie sich sehr. Kinder liegen ihr ganz besonders am Herzen. Sie fragte mich, wie wir denn das Theater und die Aufführungen finanzieren würden. »Nun ja«, sagte ich, »wir sind ein freies Theater und müssen uns zu einem großen Teil selbst finanzieren, unter anderem mit Eintrittsgeldern.« Die lagen bei acht Euro pro Ticket. »Das können sich aber nicht alle Familien leisten«, meinte meine Mutter. Darüber hatte ich noch gar nicht nachgedacht. Ich machte mir Gedanken, wie es möglich wäre, den Kindern aus sozial schwachen Verhältnissen auch den Besuch in unserem Theater zu ermöglichen. Wir Schauspieler riefen eine Spendenaktion ins Leben unter dem Motto »Kultur für alle«. Als Partner holten wir die Gießener Tafel mit ins Boot. Sie sollte dabei helfen, dass die Frei-Tickets an der richtigen Stelle ankamen. Jetzt brauchten wir noch ein aussagekräftiges Plakat und Handzettel, um für unsere Aktion Werbung zu machen. Wir entschieden uns für das Bild mit dem Mädchen aus dem Märchen »Die Sterntaler«, das mit seinem Hemdchen die vom Himmel fallenden Sterne als Taler auffängt. Dieses arme Waisenmädchen verschenkt das wenige, das es hat, bis auf sein letztes Hemdchen an andere Bedürftige und wird am Ende dafür mit den Sterntalern belohnt. Eine passende Symbolik für das, was wir vorhatten. Am Ende jeder Vorführung werden die Besucher gebeten, zu diesem Zweck eine kleine Spende in eine Box zu werfen. Die Resonanz hat unsere Erwartungen übertroffen. Mit den Spenden konnten wir Kinder glücklich machen, die sonst keine Möglichkeit für ein solches Erlebnis gehabt hätten. Allen Menschen sollte eine angemessene gesellschaftliche Teilhabe ermöglicht werden, unabhängig von ihrem sozialen Status, das ist mir aus eigener Erfahrung so wichtig.

ÜBER DIE LIEBE

ANDREAS // Seit einigen Jahren organisiere ich gemeinsam mit anderen regelmäßig einen Open-Stage-Abend in unserem kleinen Theater in Gießen. Hierbei kann jeder und jede in einem zeitlich festgelegten Rahmen von etwa 15 Minuten etwas auf der Bühne darbieten. Es ist immer eine kunterbunte Mischung aus den unterschiedlichsten Genres wie Musik, Theater, Clownerie, Poetry-Slam, Zauberei und vielem mehr. Irgendwann kam mir die Idee, Margot und ich könnten dort auch mal etwas gemeinsam auf die Bühne bringen. Margot war sofort einverstanden. Die Zusage war für mich eigentlich auch nicht weiter verwunderlich, da Margot spontanen Unternehmungen immer sehr zugeneigt ist.

Wir entschieden uns für den Text »Alte Liebe«, den Dialog eines älteren Ehepaares, und probten die Lesung einige Male zu Hause. Dabei mussten wir immer wieder selbst darüber lachen. Natürlich wurde unser Auftritt im Vorfeld geheim gehalten. Denn wäre etwas von Margots Teilnahme durchgesickert, hätte es vermutlich einen Ansturm auf das kleine Theater gegeben. An besagtem Abend waren wir in bester Laune und kamen als letzter Act vor der Pause dran. Vor uns spielte ein Singer Songwriter seine Lieder, und im Theater herrschte eine angenehme Stimmung. Während unserer Darbietung hat das Publikum viel gelacht. Und manche trauten ihren Augen nicht.

In der Pause kamen einige Leute auf Margot zu, und auch ich wurde gefragt: »Sag mal, ist das nicht die Frau Käßmann?« – »Ja«, habe ich gesagt, »die kenne ich von früher.«

Das Ganze war für uns beide ein wunderschönes gemeinsames Erlebnis, an das wir uns gerne erinnern.

MARGOT // Ich war nicht ganz sicher, ob es okay ist, dass wir gemeinsam aus »Alte Liebe« lesen. Wir hatten einmal eine Lesung aus dem Buch von Elke Heidenreich und ihrem Ex-Ehemann miterlebt, die wir richtig gut fanden. Dann dachten wir: »Open Stage« ist ein schöner, kleiner, nicht kommerzieller Rahmen, da lässt sich etwas ausprobieren. Bei der Probe fanden wir die Dialoge dieses alteingespielten Paares so treffend, bissig, lustig, dass wir viel Spaß daran hatten. Und die Gäste bei »Open Stage« später auch. Es war etwas Besonderes, gemeinsam auf der Bühne zu stehen und einen Text über die Liebe mit ihren Höhen und Tiefen vorzulesen. Aber das Wort Liebe scheint uns als Begriff allzu überhöht oder auch überbelastet. Mit all dem Valentinstags-Hype und manchen anderen Auswüchsen können wir wenig anfangen. »Ich liebe dich«, sagt sich so schnell daher. Was aber bedeutet es denn? In dem Lied »Chasing cars« heißt es: »Those three words are said too much«, diese drei Worte werden viel zu oft gesagt.

Im ersten Brief von Paulus an die Gemeinde in Korinth heißt es: »Die Liebe ist langmütig und freundlich, die Liebe eifert nicht, die Liebe treibt nicht Mutwillen, sie bläht sich nicht auf, sie verhält sich nicht ungehörig, sie sucht nicht das Ihre, sie lässt sich nicht erbittern, sie rechnet das Böse nicht zu, sie freut sich nicht über die Ungerechtigkeit, sie freut sich aber an der Wahrheit; sie erträgt alles, sie glaubt alles, sie hofft alles, sie duldet alles.« (1. Kor 13, 4–7)

Ich mag diesen Text, weil er eine unerwartete Seite des oft so strengen Theologen Paulus zeigt. Aber da wird ein Idealbild gezeichnet, das nicht erreicht werden kann, auch völlig überhöht, für manche belastend klingt. Und das gilt nicht nur für die Beziehung von Paaren, sondern auch für die Liebe zwischen den Generationen oder zwischen Geschwistern. Der Anspruch ist heftig, finde ich. Wie oft gehen Menschen schlecht miteinander um, wenn die Schmetterlinge im Bauch, die Glücksgefühle einer jungen Liebe verflogen sind? Wie lieblos begegnen sie dem anderen, sind nachtragend und verletzen einander mit Worten und Taten?

Liebe ist mehr als ein Glücksgefühl. Einen anderen Menschen zu lieben heißt auch, mit ihm durch die schwierigen Zeiten des Lebens zu gehen oder wie es in der Trauformel heißt, »in guten wie in schlechten Zeiten« zueinander zu halten.

Wenn zwei Menschen sich im Alter noch einmal auf eine neue Beziehung einlassen, ist das ein Wagnis. Beide haben Eigenarten, »Macken« entwickelt, die sie nicht mehr ablegen werden. Beide haben jahrzehntelange Lebenserfahrung, die sie in die neue Beziehung einbringen. Die Frage ist, was den Bodensatz ausmacht. Ich bin dankbar, dass Andreas und ich uns vor einigen Jahren wiedergesehen haben, und froh, dass wir das Wagnis eines neuen Miteinanders eingegangen sind.

Wir beide sehen uns gegenseitig nicht als »Lebensabschnittspartner«. Wenn zwei sich so titulieren, dann ist ein

Ende irgendwie bereits mit eingeplant. Andreas und ich würden gern miteinander alt werden. Da ist eine große Offenheit, zu schauen, wie es kommt. Ich denke, wir sind offen dafür, die unvermeidlichen Änderungen, die kommen werden, anzunehmen. Es sind eher andere, die fragen: Warum zieht ihr nicht zusammen? Warum heiratet ihr nicht? Aber beides ist für uns derzeit kein Bedürfnis. Ich finde es schön, wenn junge Paare heiraten, weil sie eine Familie gründen wollen und das Leben miteinander planen. Andreas und ich haben unsere Ehen gelebt, wir hatten eine intensive Familienphase. Jetzt ist eine andere, freiere Lebensphase für uns dran – was nicht bedeutet, unsere Beziehung wäre unverbindlich. Wir werden füreinander einstehen, wenn es notwendig ist, etwa einer oder eine pflegebedürftig wird. Wie wir das dann gestalten, werden wir sehen.

Nachdem ich vor einiger Zeit das zweite Mal an Krebs erkrankt war, sagte Andreas: »Wärst du dran gestorben, wäre ich nicht noch einmal eine neue Beziehung eingegangen.« Das kam so nebenbei auf einem Spaziergang – und hat mich sehr gerührt. Denn eine Beziehung eingehen, das bedeutet auch sich einlassen, Vertrauen wagen. Lebensgeschichte miteinander zu teilen. Beim Nachsinnen darüber habe ich gemerkt: Mir geht es auch so. Diese Beziehung ist die letzte in meinem Leben, und ich finde es wunderbar, dass ich sie mit demselben Mann führen darf, in den ich als Erstes im Leben verliebt war. Der liebe Gott hat wirklich Humor, denke ich!

Humor spielt überhaupt für mich auch mit Blick auf das Alter und die Liebe eine Rolle. Du musst akzeptieren, dass du nicht mehr 30 oder 40 bist, geschweige denn 15 wie beim ersten Kuss. Die einen oder anderen körperlichen

Einschränkungen sind mit 60 plus normal. Andreas und ich können darüber lachen und sagen: »Der Lack ist ab – aber es glänzt noch.« Total geglättete Gesichter von Menschen über 60 zu sehen, hat auch etwas Skurriles, weil es nicht der Lebenswirklichkeit entspricht.

Während meines gesamten Lebens habe ich immer auf irgendeine Art und Weise Sport getrieben. Seit etwa 30 Jahren jogge ich regelmäßig. Es war toll, als ich herausfand, dass Margot auch eine leidenschaftliche Joggerin ist. Wir haben beide einen Bewegungsdrang und müssen mindestens einmal am Tag vor die Tür. In letzter Zeit musste ich jedoch schmerzlich feststellen, dass sich durch das Joggen zunehmend Abnutzungserscheinungen bemerkbar machen und ich die Befürchtung habe, dass bald damit Schluss sein könnte. Man will es ja nicht wirklich wahrhaben, leugnet es weg, solange es geht, aber letztlich muss man sich doch den Tatsachen stellen und anerkennen, dass das Alter früher oder später seinen Tribut fordert. Ganz anders scheint es mir mit dem Geist zu sein. Da fühle ich mich oft wesentlich jünger – als hätte ich den Status eines 30-Jährigen konserviert. Die Lebenserfahrung hat meinen Horizont erweitert und verändert, eine geistige Frische ist geblieben. So ist jedenfalls meine Selbstwahrnehmung.

Und diese geistige Frische hat Margot auch. Beide sind wir noch neugierig, wissensdurstig, abenteuerlustig, spontan. Wir wollen anderen gerne helfen, unterstützen und gestalten mit, wo wir es können. Da hat sich bei uns beiden eine Lebenslust erhalten, die wir gerne ausleben möchten, solange es noch geht. Das machen wir oft gemeinsam, aber auch jeder für sich, in seinen jeweils eigenen Interessensgebieten. Durch unsere Fernbeziehung bleibt für jeden ausreichend Spielraum, im bisherigen Lebensumfeld die gewohnten Aktivitäten weiter zu pflegen. Meine Mutter, meine Freunde und meine Geschwister wohnen in Gießen und Umgebung, hier spiele ich in einer Big Band, mache Kinder- und Clowntheater und vieles mehr. Kürzlich bin ich auf ein Gedicht von Khalil Gibran gestoßen, das diese Form von inniger Gemeinschaft und gleichzeitigem Loslassen gut beschreibt:

> Ihr wurdet zusammen geboren,
> und ihr werdet auf immer zusammen sein.
> Ihr werdet zusammen sein, wenn die weißen
> Flügel des Todes eure Tage scheiden.
> Ja, ihr werdet selbst im stummen Gedenken
> Gottes zusammen sein.
> Aber lasst Raum zwischen euch.
> Und lasst die Winde des Himmels zwischen
> euch tanzen.
> Liebt einander, aber macht die Liebe nicht zur
> Fessel:
> Lasst sie eher ein wogendes Meer zwischen den
> Ufern eurer Seelen sein.
> Füllt einander den Becher, aber trinkt nicht aus
> einem Becher.
> Gebt einander von eurem Brot, aber esst nicht
> vom selben Laib.
> Singt und tanzt zusammen und seid fröhlich,
> aber lasst jeden von euch allein sein,
> So wie die Saiten einer Laute allein sind und
> doch von derselben Musik erzittern.

> Gebt eure Herzen, aber nicht in des anderen
> Obhut.
> Denn nur die Hand des Lebens kann eure
> Herzen umfassen.
> Und steht zusammen, doch nicht zu nah:
> Denn die Säulen des Tempels stehen für sich,
> und die Eiche und die Zypresse wachsen nicht
> im Schatten der anderen.[4]

Unsere Paarbeziehung, in der Form von »together-apart«, entspricht unserem derzeitigen Lebensgefühl, ist aber nicht in Stein gemeißelt. Das kann sich jederzeit ändern. Aber ich werde nicht noch einmal heiraten. Mir fällt kein Grund dafür ein. Eine Partnerschaft wird nicht dadurch gefestigt und beständiger, wenn sie amtlich vollzogen wird. Die Verbindung findet im Herzen statt, nicht auf dem Trauschein. In Zeiten der Familiengründung ist es was anderes, da ist es richtig, durch Heirat diesem Lebensentwurf eine rechtlich solide Basis zu geben. Zudem, denke ich, kann eine Ehe einer vorschnellen, übereilten Beendigung einer Beziehung entgegenwirken. Sie kann ein Band sein, das lange gedehnt und strapaziert werden kann, bevor es reißt.

Mir ist wichtig, dass wir einander »lassen« können. Andreas ist Fußballfan. Das ist gut so. Aber ich muss die Spiele, die er sich ansehen möchte, nicht mitschauen. Ich brauche manchmal meine Gartenzeit auf Usedom, das »Rumpuddeln«, Unkraut jäten. Da muss Andreas nicht dabei sein.

Andreas tritt oft als Clown in einem Kindertheater auf und spielt begeistert Posaune in einer Big Band. Ich halte

Vorträge, veranstalte Lesungen oder stehe als Predigerin auf der Kanzel. Andreas ist manchmal dabei – oft aber auch nicht. Und umgekehrt ist es genauso. Wir müssen einander nicht immer begleiten. Wenn es passt, dann ist es schön. Aber ein Muss soll es nicht sein. Wir sind kein symbiotisches Paar, wir stehen in keiner Abhängigkeit zueinander.

Für jemanden, der eine Zeit lang allein gelebt hat, ist es schlicht gar nicht so leicht, sich auf eine Partnerschaft einzulassen. Du hast große Entscheidungen selbst getroffen – und auf einmal sollst du sie mit jemandem absprechen? Du hast deinen eigenen Rhythmus gefunden. Und es stellt sich mit Blick auf eine neue Beziehung die Frage: Kannst du dich überhaupt noch mit einem anderen Rhythmus koordinieren oder gar angleichen? Wie lange wird geschlafen, wie wird gefrühstückt, was sind die Rituale?

Wir haben das gut hinbekommen, denke ich. Einander Raum zu lassen, den eigenen Gewohnheiten und Neigungen nachzugehen – und dennoch gemeinsame Zeiten mit Freude zu teilen, das ist für Andreas und mich ein guter Weg. Es war wichtig, dass wir uns mit einer gewissen Unaufgeregtheit die Zeit genommen haben auszuloten, wie es gehen kann.

Es galt für mich zu lernen, dass ich sage, wenn mir etwas wirklich wichtig ist und wenn nicht. Beispielsweise, dass ich mir wünsche, dass Andreas mich zu einem Treffen mit anderen begleitet. Oder dass ich ganz gern allein hingehe. Dazu gehört natürlich auch, zu akzeptieren, dass Andreas seine eigenen Wege geht, ohne das als Zurückweisung wahrzunehmen.

Je länger wir miteinander unterwegs sind, desto mehr gefällt mir diese Form von Nähe und Distanz. Darin liegt eine große Freiheit. Manchmal bin ich auch ganz gern allein in Hannover. Da ist Zeit, Freundinnen zu besuchen, die Enkelkinder ausführlich zu sehen. Mir ist wichtig, auch diese Beziehungen intensiv leben zu können. Ich möchte mein Leben nicht ganz und gar auf einen Mann einstellen. Dazu habe ich zu lange ohne einen Partner gelebt. Wenn ich mich eingeengt fühle, regt sich in mir Widerstand. Ich würde Andreas auch nicht mitnehmen zum Shoppen. Das mache ich gern allein. Es passt gut, dass er ohnehin nicht gern mitgehen würde! Wir haben beide eine Eigenständigkeit, die wir gegenseitig respektieren, das finde ich sehr entlastend. Und gleichzeitig haben sich in den letzten Jahren ein paar neue Freundschaften zu anderen Paaren ergeben. Das ist auch eine gute Erfahrung. Es ist nicht alles auf ewig festgelegt, sondern kann sich verändern. In aller Freiheit! Ein Erwartungsdruck würde mich einengen.

Manches galt es im Laufe der Zeit erst einzuüben, wir mussten uns von alten Gewohnheiten her neu aufeinander einstellen. Ein kleines Beispiel: Ich bitte nicht gern um etwas. Aber ich kann schlicht und ergreifend keine Bohrmaschine bedienen. Also bringt Andreas die neue Gardinenleiste an. Oder: Andreas legt eine Decke auf sein Ledersofa. Ich mag nicht auf Decken sitzen. Da ist Augenzwinkern gefragt: hier Decke drunter, da Decke drüber. Andere Routinen haben sich einfach entwickelt. Handwerkliches erledigt Andreas, das Kochen liegt bei mir. Es hat sich ziemlich entspannt eingespielt, finde ich.

Mir geht es gut damit, dass wir nicht ständig zusammen sind, aber immer wieder intensive gemeinsame Zeiten erleben – und uns aufeinander freuen. Mal sind wir sechs Wochen am Stück zusammen, wohnen in Hannover oder Gießen oder Usedom oder reisen miteinander. Dann sind wir zwei Wochen getrennt. In anderen Monaten pendeln wir öfter. Dabei haben wir gemerkt, dass die Zeiträume, in denen wir uns nicht sehen, nicht zu lang sein dürfen. Es braucht die Nähe und Vertrautheit, und die kann Handy oder Skype niemals so herstellen wie unmittelbarer Kontakt face to face.

Vertrautheit ist ein gutes Stichwort. Bei meinen ersten Treffen mit Margot war ich anfangs etwas zögerlich. So ganz wusste ich die Situation nicht einzuschätzen. Sie war *die* angesehene und bekannte Theologin, und ich war nur einer ihrer vielen Bewunderer. Denn was sie sagte und machte im Hinblick auf ethische Fragen und insbesondere die Friedens- und Flüchtlingspolitik, fand immer meine volle Unterstützung. Aber war sie noch nahbar? Oder war sie in ein vollkommen anderes Milieu abgedriftet? Die Aufklärung kam schnell. Wir brauchten nur wenige Gespräche, und ich hatte alsbald wieder das Gefühl von Vertrautheit, wie wir sie damals schon empfunden hatten.

Man spricht von den fünf Phasen der Liebe, die eine Beziehung durchlebt, wenn sie eine gute ist. Die erste Phase ist die Verliebtheitsphase, in der alles am Partner perfekt zu sein scheint. Die Schmetterlinge im Bauch lassen alles rosarot aussehen. Dann folgen drei weitere Phasen, und im Idealbild mündet alles in eine Form der absolut vertrauten Beziehung. Man fühlt sich zu Hause. Ich habe das Gefühl, dass unsere Vertrautheit, die wir damals schon miteinander hatten, dazu beigetragen hat, uns schnell wieder in diesem Sinne miteinander zu Hause zu fühlen.

Vor einiger Zeit haben Andreas und ich jeder für sich das Buch »Das Gewicht der Worte« von Pascal Mercier gelesen. Anschließend haben wir uns darüber ausgetauscht. In der Erzählung über einen Mann, der seine Freundin unglücklich an einen anderen verloren hat, fällt der Satz »Intimität ist unteilbar«. Interessanterweise sind wir beide daran hängen geblieben. Ja, es gibt eine Nähe, die andere ausschließt. Wenn der Mensch älter ist, schätzt er das mehr – oder empfindet es als besonders kostbar, denke ich. Weil du im Laufe der Jahre persönlich gelernt oder im Umfeld erlebt hast, was es heißt, wenn diese Vertrautheit aufs Spiel gesetzt wird.

Manchmal werden Andreas und ich gefragt, warum wir uns 1974 aus den Augen verloren haben. Damals bin ich für ein Jahr als Austauschschülerin in die USA gegangen. Die geglättete Erklärung wäre, dass dies der Grund war, dass die Beziehung im Sande verlaufen ist. Aber das ist nicht die Wahrheit. Als ich drei Wochen in England war, haben wir uns viele Briefe geschrieben, das wäre während der USA-Zeit ja auch möglich gewesen.

Die Wahrheit ist: Ich habe mich damals, kurz bevor ich nach Connecticut gegangen bin, in Stadtallendorf in einen älteren Jungen verliebt. Der hatte ein kleines Moped, eine Kreidler Florett.

Ja, das Ende meiner ersten großen Liebe war schrecklich. Dieses Ereignis hat mich sehr getroffen und sich tief in meinem Innern eingebrannt. Ich habe noch ganz genau diese eine Szene im Kopf: Es war an einem warmen Samstagabend im Sommer. Wir hatten wieder unseren Discokeller unterhalb der Kirche geöffnet. Wie immer waren viele Jugendliche gekommen, die Musik hören und tanzen wollten.

In einer kleinen Pause gingen viele nach draußen frische Luft schnappen. Die Dämmerung war schon fortgeschritten, bald würde es dunkel sein. Und dann passierte es. Ein älterer Junge, meine Oma hätte bestimmt gesagt: ein Halbstarker, kam auf einem Moped der Marke Kreidler Florett angefahren. Dann ging alles ganz schnell. Margot stieg auf diese rote Kreidler Florett hinten auf und fuhr mit diesem Typen davon. Ich saß todunglücklich auf der Bordsteinkante und schaute beiden hinterher, wie sie davonsausten.

Der erste Liebeskummer im Leben ist etwas ganz besonders Unerträgliches. Zumal wenn er in der Pubertät passiert. Da denkt man, dass jetzt die ganze Welt zusammenbricht. Und man versteht nicht, was da eigentlich vor sich geht. Eben war man noch verliebt – und dann ist auf einmal alles aus? Und das wegen eines Typs, der aus meiner Sicht nichts zu bieten hatte außer einem Moped. Gut, er war zwei Jahre älter als Margot, das beeindruckt Mädchen in diesem Alter wohl sehr. Wenn in jenem Moment eine Fee zu mir gekommen wäre und mir gesagt hätte: »Hey, keep cool, alles nicht so schlimm. Du musst Geduld haben, das wird wieder. In 40 Jahren hast du sie zurück«, hätte ich wohl geantwortet: »Deine fiesen Späße kannst du mit anderen treiben. Was bist du nur für eine Fee? Wahrscheinlich die dreizehnte, die nicht eingeladen wurde.« Für Rückeroberungsversuche blieb keine Zeit, da Margot schon auf dem Sprung in die USA war.

Andreas sagt bis heute, es hätte ihm das Herz gebrochen, als er gesehen hat, wie ich mit dem anderen abgebraust bin. Und ich hatte damals ein schlechtes Gewissen. Heute haben wir auf Usedom einen Motorroller. Wenn ich jetzt mit über 60 auf dem Rücksitz Platz nehme, macht Andreas manches Mal eine kleine, spitze Bemerkung: »Besser als eine Kreidler Florett« – und wir können beide lachen ...

Mit 15 ist Liebeskummer eher normal. Aber im Laufe des Lebens kommt es zu ernsten Trennungen. Verlassen werden tut weh. Weil es eben jene Intimität gab, die durch die Trennung infrage gestellt wird. Denn wie kann es sein, dass mich der andere verlässt, nachdem wir uns so nahe waren? Schlimmstenfalls wird Vertrauen gebrochen, weil mit anderen geteilt wird, was einander anvertraut war.

Als ich aus den USA zurückkam, war inzwischen mein Vater verstorben, meine Mutter verkaufte Tankstelle, Werkstatt und Wohnhaus, wir zogen in ein kleines Haus am Rande der Stadt. An die alten Verbindungen habe ich nicht mehr angeknüpft, das Auslandsjahr hat mich den Verbindungen in Stadtallendorf irgendwie entfremdet. Meine Orientierung hat sich ganz nach Marburg verlagert, bald konnte ich auch mit dem Auto dort hinfahren. Das Abitur stand als Lebensziel im Mittelpunkt des Denkens.

Aber meine erste große Liebe habe ich immer wie ein kleines Schatzkästchen im Gedächtnis behalten. Es war eine rundherum schöne Erinnerung – bis auf die Last, dass ich die Beziehung beendet habe. Andererseits ist auch glasklar: Irgendwann hätte unsere Verbindung vermutlich auch auf andere Weise geendet.

Es braucht Lebenserfahrung, um eine Partnerschaft verantwortlich und dauerhaft zu gestalten. Und diese Erfahrung fehlt als Jugendlicher. Umso schöner finde ich es, jetzt wieder mit Andreas zusammen zu sein, ganz bewusst und mit all der Lebenserfahrung, die wir beide haben. Wir sind uns beide klar darüber, wie zerbrechlich Glück ist. Deshalb geht es uns bewusst um gegenseitige Wertschätzung. Und es ist schön, am anderen Interesse zu haben. Einander zu fragen: Was treibt dich gerade um? Wie schätzt du die politische Lage ein? Oder auch: Was hast du gelesen? Diese Wertschätzung und Vertrautheit lässt sich auch als Liebe bezeichnen. Und die gibt es auch noch im Alter. Gefühle altern nicht.

BILDER UND KLÄNGE

Ein Gespräch über das Lebensgefühl unserer Generation

MARGOT // In unseren Gesprächen spiegelt sich oft, dass wir dieselbe Generation sind. Macht das eine Beziehung eigentlich leichter?

ANDREAS // Ich denke schon. Weil wir uns über ähnliche Themen unterhalten, uns über das austauschen, was wir in einem gewissen gesellschaftlichen Umfeld, einem bestimmten Zeitraum erlebt haben. Der Kontext war für uns beide derselbe. Alle, die ab Mitte der 50er- bis Mitte der 60er-Jahre in Deutschland geboren wurden, gelten als die »Babyboomer«. Wir wurden hineingeboren in eine Gesellschaft, die nach dem Zweiten Weltkrieg endlich wieder aufatmete. Unsere Eltern waren Kriegskinder, rackerten sich ab, damit es unsere Generation besser haben sollte als sie. Wohlstand und Sicherheit waren wichtig.

Und das sogenannte Wirtschaftswunder nahm mehr und mehr Fahrt auf. Kühlschränke und Vorratskammern waren voll, Kofferradios und Fernseher standen in immer mehr deutschen Haushalten. Im Radio lief »It's now or never« von Elvis Presley. Die Aufarbeitung des schrecklichen Kriegsgeschehens und der damit einhergehenden seelischen Narben wurde auf später verschoben. Das hat uns Jüngere zum Teil irritiert, geärgert, zornig gemacht.

Wir sind die Generation vor dem »Pillenknick«. Immer eher zu viele Kinder als zu wenige. Nie zuvor und nie danach wurden in Deutschland so viele Kinder geboren wie in den zehn Jahren zwischen 1956 und 1966.

Als Kind habe ich erlebt, dass es für vieles klare Vorstellungen und Regeln gab. In der zweiten Hälfte der 60er- und in den 70er-Jahren ist in Deutschland dann manches aufgebrochen. Die Studentenunruhen 1968 haben die Generation meiner Eltern verunsichert. Vieles von dem, was ihnen wichtig war, wurde infrage gestellt.

Manche Gefühle kannst du mit einer anderen Generation ja gar nicht teilen. Zum Beispiel würden meine Kinder nicht mehr verstehen, wie das früher mit dem »Wählen-Gehen« war. War das bei euch auch so etwas Besonderes?

Wählen-Gehen war auf jeden Fall Bürgerpflicht. Ich kann mich noch erinnern, als ich das erste Mal wählen durfte, bin ich mit meinem Vater gegangen, der mir gezeigt hat, wie das geht.

Wo du das Kreuzchen machst ;-)?

Nein, er durfte natürlich nicht mit in die Wahlkabine.

Aber was wählt man denn, wenn man zum ersten Mal wählt und noch nicht so politisiert ist, man wählt das ...

... was der Vater wählt.

Genau. Und was wählt ein Mann, der aus dem Arbeitermilieu stammt ...

Ich habe die Erinnerung, dass meine Eltern am Wahltag erst in den Gottesdienst gingen. Mein Vater hatte Anzug und Krawatte an, was sonst nicht oft der Fall war, und anschließend ging es zum Wahllokal. Ein besonderes Ereignis.

Es hatte etwas von einem Ritual, das sehr bewusst wahrgenommen wurde.

Und ich erinnere mich auch noch lebhaft an die Mondlandung 1969. Was für eine Aufregung!

Das war echt spannend! Ich wollte auf jeden Fall dabei sein, wenn die Mondlandung im Fernsehen gezeigt wurde. Da war ich zehn Jahre alt und durfte bei meinem Opa schlafen, weil der im Gegensatz zu meinen Eltern einen Fernseher hatte. Als es dann mitten in der Nacht so weit war, wurde ich geweckt. Es war ein Ereignis und ein tolles Gefühl: Ich bin am Bildschirm live dabei!

Das war unfassbar, weil plötzlich klar wurde: Es gibt noch ganz andere Welten. Wie hieß denn diese Sendung, die wir damals im Fernsehen geguckt haben?

»Raumpatrouille Orion« war die erste derartige Serie – mit Eva Pflug und Dietmar Schönherr als Darsteller. Mit relativ einfachen Mitteln wurden die Weltraumabenteuer in Szene gesetzt. Heute muss ich schmunzeln, wenn ich auf eine alte Folge stoße. Kurios beispielsweise die Szene mit dem Bügeleisen (!) als Steuerelement in der Kommandozentrale. Überhaupt kein Vergleich zu dem, was später an Tricktechnik im Film eingesetzt wurde. »Raumpatrouille Orion« war eine deutsche Produktion. Die Titelmelodie ist mir immer noch im Ohr ... Tata ...

Ah, an die Melodie erinnere ich mich jetzt auch. Die hatte ich ganz vergessen. Später kam die Serie »Raumschiff Enterprise« aus Amerika, mit Captain Kirk als Commander. Andere Filmmelodien habe ich auch noch im Ohr: zum Beispiel die Titelmusik von »Flipper«, dem Delfin, der immer als Retter zur Stelle ist.

Und natürlich »Lassie« ...

»Fury«.

»Bonanza«.

Loriot.

Heinz Erhardt.

Oder Hans-Joachim Kulenkampff, »Einer wird gewinnen« mit Butler Martin zum Schluss.

Klaus Havenstein, »Sport–Spiel–Spannung«.

»Bezaubernde Jeannie«!

All das sind gemeinsame Erinnerungen.

Damals gab es ja nur drei Fernsehprogramme und die auch nur in Schwarz-Weiß. Und keine Fernbedienung. Du musstest aufstehen und einen Knopf am Gerät drücken, um das Programm zu wechseln!

Das können sich Kinder heute nicht mehr vorstellen. Um 16 Uhr begann die neue Folge von »Flipper«. Wenn du das verpasst hattest, dann war es einfach durch. Da war nichts zu machen. Kein Videorekorder, von Mediathek ganz zu schweigen.

Ich erinnere mich noch, dass bei uns zu Hause manchmal die Antenne neu ausgerichtet werden musste. Es rauschte wie verrückt, und das Fernsehbild zog Wellen. Jemand musste aufs Dach steigen, um die Antenne zu drehen. Eine Zweiter stand bei geöffnetem Fenster am Fernsehgerät im Wohnzimmer und rief nach oben, wenn das Bild besser wurde.

Heute unvorstellbar! Ebenso die Erfahrung, dass irgendwann am Abend Sendeschluss war. Kurz vor Mitternacht wurde die Nationalhymne gesendet, dann gab es einen Texthinweis, und anschließend lief das sogenannte Testbild. Farbfernsehen gab es erst ab 1967 – und nur wenige konnten sich das neue Gerät, das zum Empfang notwendig war, leisten.

Dass einfach mal aufgehört wird zu senden, kommt einem heute unwirklich vor. Aber es hat auch etwas Gutes, dass es bestimmte Angebote nur zu festen Zeiten gibt. Wenn um 20 Uhr die »Tagesschau« gesendet wurde, war bei uns zu Hause klar, dass zu diesem Zeitpunkt das Tagwerk getan sein sollte. Die Kinder waren hoffentlich im Bett, und mit dem gemeinsamen Schauen der Nachrichtensendung wurde der Abend eingeläutet. Manche Sendungen waren ein echter Straßenfeger. »Mit Schirm, Charme und Melone«, Krimis von Francis Durbridge oder eben »Raumpatrouille Orion« hatten Einschaltquoten von über 80 Prozent. Quasi alle haben das geschaut.

Heute kann jeder schauen, wann und was er will. Ich gucke nicht viel Fernsehen, habe mir allerdings neulich dann doch einen Netflix-Zugang beschafft, weil ich die Serie »Unorthodox« sehen wollte. Die Protagonistin Esther Shapiro, als orthodoxe Jüdin erzogen, gibt bei ihrer ersten Suchanfrage im Internet »Gibt es Gott?« ein. Und sie muss feststellen: »Es gibt so viele Antworten!« Der junge Mann, der ihr mit der Technik hilft, sagt: »Ja, welches deine Antwort ist, musst du immer noch selbst herausfinden!« Das fand ich echt gut.

Du, Andreas, hast einmal gesagt, dass du dir als Kind das Internet gewünscht hättest.

Ja, weil es die Möglichkeit bietet, sich schnellstens über alles zu informieren!

Das finde ich auch großartig. Wenn ich beispielsweise für einen Vortrag wissen will, wie hoch der Wasserverbrauch pro Person in Deutschland im Schnitt ist, finde ich das mit wenigen Klicks. Früher wärst du in eine Bibliothek gegangen und hättest nach einem Buch zum Thema gesucht. Meist hat ein Buch für die Recherche nicht gereicht, deshalb wurde vorsichtshalber ein ganzer Stapel ausgeliehen und nach Hause geschleppt. Und dann wurde geblättert und gelesen, bis man eine halbwegs passende Antwort auf die Frage gefunden hatte, die einen interessierte. Das hat sehr viel Zeit gekostet.

Früher war es für Menschen, die nicht so viel Geld hatten, auch gar nicht möglich, sich viele Bücher oder Zeitschriften zu kaufen. Sich heute relativ einfach und günstig, oft sogar kostenfrei informieren zu können, das ist schon ein riesiger Fortschritt!

Aber die neuen Medien mit all ihren Möglichkeiten schaffen auch eine gewisse Unverbindlichkeit. Viele lassen bis zum letzten Moment alle Optionen offen. Kommt die Freundin – oder nicht? Gehe ich zu einer Party – und wenn ja, wann? Das kann kurzfristig geregelt werden.

Dass Termine immer wieder ganz kurzfristig verändert werden, stört uns ja manchmal beide. Das mag am Alter liegen. Wie schon erzählt, haben wir uns früher Zettel zugeschoben mit langfristigen Verabredungen über Tage hinweg. Mal eben anrufen ging gar nicht oder wäre auch zu teuer gewesen. Die Eltern hätten gefragt, ob sich das nicht anders regeln ließe.

Wenn früher jemand wider Erwarten doch nicht oder erst später zu einer Verabredung kommen konnte, war es nahezu unmöglich, Bescheid zu sagen. Also hast du alles darangesetzt, pünktlich zu sein. Alles war darauf ausgerichtet, diesen Termin wahrzunehmen. Ganz anders als heute, wo man kurz eine SMS oder eine WhatsApp-Nachricht schreibt: »Komme 15 Min später« oder »Wie wäre es morgen, heute passt es mir doch nicht«.

Ein Telefon gab es bei uns zu Hause nur bei meinem Vater auf dem Schreibtisch. Der Apparat war fest installiert, und mein Vater saß tagsüber meist daneben. Länger mit einer Freundin oder einem Freund telefonieren, das war undenkbar.

Wir hatten viele Jahre zu Hause gar kein Telefon. Und als wir endlich eines bekamen, hatte es nur eine drei Meter lange Schnur. Wie gerne hätte ich das Telefon manchmal mit in mein Zimmer genommen, um ungestört telefonieren zu können! Es gab das Gerät auch mit einer sechs oder zehn Meter langen Schnur zu mieten – aber das kostete monatlich mehr und war einfach nicht drin. Telefonieren war teuer, jedenfalls konnten wir beide nicht einfach mal eben miteinander telefonieren! Es gab drei Tarifzonen, den eigenen Ort mit der Ortsnetzkennzahl, dann der Nahbereich ca. 50 Kilometer. Alles andere waren Ferngespräche. Und Telefonate ins Ausland konnte man sich eigentlich gar nicht leisten.

Das können sich junge Leute heute gar nicht mehr vorstellen, das sind echt Erzählungen aus dem letzten Jahrhundert. Heute gibt es Flatrates und Internettelefonie. Manche sind permanent online, tippen unentwegt Nachrichten ins Smartphone, und kurz darauf kommt die Antwort. Manchmal denke ich, so schön das alles ist: Es ist zum Teil auch Zeitverschwendung. Deshalb bin ich weder bei Twitter noch bei Instagram oder Facebook aktiv. Die neuen Medien sind auf jeden Fall Zeitfresser. Ich denke, da lassen sich viele, gerade auch Jugendliche, sehr verführen.

Wenn manche bei Facebook oder Instagram posten, was sie gerade getan, gekocht oder gegessen haben, kann ich das nicht nachvollziehen. Da gibt es ein Mitteilungsbedürfnis, das kaum Grenzen kennt. Videos, wie die eigenen Kinder über die Wiese rennen oder Gänseblümchen pflücken, werden mit Freunden und Bekannten geteilt. Und andere schreiben »oh, wie süß« darunter.

Irritierend finde ich auch die sogenannten Influencer, die sich beim Friseur umsonst die Haare schneiden lassen und dann ein Foto davon posten – oder gegen Bezahlung durch entsprechende Unternehmen Schminktipps geben. Das ist eine Welt, die mir echt fremd bleibt.

Ich denke, bestimmte Sachen können wir auch nicht mehr verstehen. Das ist unseren eigenen Eltern damals sicherlich nicht anders gegangen, als wir mit dem ersten tragbaren Telefon aufgetaucht sind.

Dass unsere Generation grundsätzlich den Anschluss an die technischen Möglichkeiten gefunden hat, die die zunehmende Digitalisierung mit sich bringt, finde ich klasse – wobei: »klasse« sagt heute wahrscheinlich auch niemand mehr ;-). Ich denke, meine Mutter hätte es toll gefunden, per Facetime, Skype oder Zoom mit Kindern und Enkeln, die weiter entfernt leben, zu sprechen.

Die neuen Medien bieten viele Möglichkeiten. Die Corona-Pandemie hat aber offenbar einige auch zurück zum Buch gebracht, vielleicht weil das Lesen von Büchern auch eine gewisse Ruhe mit sich bringt.

Wenn ich mich in ein Buch vertiefe, bin ich glücklich. Sehe ich bei dir ja auch. Und ich finde immer gut, wenn du mir von einem Buch erzählst, das du gerade liest.

Das geht mir umgekehrt auch so. Literatur prägt uns. Aber auch die Musik unserer Generation war prägend. Nachdem in der Nachkriegszeit deutsche Schlager Hochkonjunktur hatten und in den 50er- und 60er-Jahren amerikanische Rock-'n'-Roll-Musik Furore machte, begannen

Ende der 60er-Jahre deutsche Liedermacher politische Lieder salonfähig zu machen. Musiker und Kabarettisten wie Hanns-Dieter Hüsch, Franz Josef Degenhardt, Hannes Wader und andere sangen Lieder, die sich mit der deutschen Vergangenheit, mit Gewalt und Krieg auseinandersetzten. Joan Baez und Bob Dylan wandten sich gegen Rassendiskriminierung und wurden zu Ikonen der Friedensbewegung.

Viele Texte von Konstantin Wecker und auch Reinhard Mey haben mich sehr berührt. Konstantin Wecker hat Ende der 70er-Jahre eine Ballade über den von Rechtsradikalen erschlagenen Freund Willy veröffentlicht. Ein Lied, das Kult wurde, auch wenn es eine fiktive Geschichte ist. Mit Konstantin Wecker habe ich vor einigen Jahren ein Buch mit Texten, die für den Frieden eintreten, veröffentlicht. Das hat Spaß gemacht zusammen, auch wenn er mit Kirche nichts am Hut hat, sind wir inhaltlich auf derselben Wellenlänge. Beim Reformationsjubiläum 2017 in Wittenberg haben wir eine gemeinsame Lesung veranstaltet. Er die Musik, ich die Texte, das hat gut zusammengepasst. Ich fand schön, dass du damals dabei warst und wir beide vor ein paar Jahren zusammen bei einem Konzert von Konstantin auf dem Schiffenberg bei Gießen waren. Toller Abend, supergute Stimmung.

Musik ist oft mit Erinnerungen verbunden. Manchmal denke ich: Wann und wo habe ich ein Lied, eine bestimmte Melodie, einen Text das erste Mal gehört?

Da denke ich an die Glastanzdiele in Stadtallendorf und die Disco in der Herrenwaldkirche ...

In der Glastanzdiele haben mir meine jüngeren Schwestern das Tanzen beigebracht. Dort durften wir mit 14 Jahren sonntags von 14 bis 18 Uhr tanzen gehen.

Da lief Musik von Suzie Quattro, Smokey oder Deep Purple. Und natürlich Songs von den Beatles.

... und T. Rex oder die Rolling Stones. Gute, handgemachte, zeitlose Musik.

Wir haben damals natürlich fast alle auch im Fernsehen die Hitparade geguckt, die Dieter Thomas Heck präsentiert hat. Wenn ich heute daran denke, muss ich lachen: Du konntest mit einer Postkarte, die du an den Sender geschickt hast, für deinen Lieblingssong stimmen.

Es wurde auch die Postanschrift bestimmter Künstler eingeblendet, bei denen du schriftlich eine Autogrammkarte erbitten konntest. Viele haben Autogramme gesammelt.

Ich hatte in dieser Zeit aber durchaus auch einen Sinn für Kirchenmusik. Wir haben uns modern gefühlt, wenn wir Lieder wie »Ein Schiff, das sich Gemeinde nennt« oder das israelische Stück »Hava Nagila Hava« gesungen haben. Wir hatten das Gefühl, in der Kirche verändert sich etwas, auch musikalisch. Im Posaunenchor haben wir allerdings traditionelle Choräle gespielt. Jahrzehnte später, in meiner Zeit als Bischöfin, habe ich erlebt, dass Posaunenchöre durchaus jazzig wurden oder den Anschluss an Gospel gefunden haben.

Klar, ich habe später mit dem Posaunenchor gern Gospel gespielt. Aber echt auch Volkstümliches, man sagt ja »Dicke-Backen-Musik«. Unterhaltung eben, das war dann auf eigene Weise neu für einen kirchlichen Posaunenchor.

Wenn wir jetzt vom Posaunenchor sprechen: Neben der Mondlandung gibt es ein weiteres »historisches« Ereignis, das wir sogar zusammen erlebt haben: der autofreie Sonntag 1973! Weißt du das noch?

Klar! Ölkrise! Da sind wir zu Fuß am Totensonntag von der Herrenwaldkirche bis zum Friedhof gelaufen, das waren fast vier Kilometer. Das war anstrengend, mit der Posaune unter dem Arm – und es war sehr kalt! Ich erinnere mich, wir mussten aufpassen, dass die Mundstücke der Instrumente nicht an den Lippen festgefroren sind.

Aber auch ein tolles Gefühl, oder? Keine Autos!

Ja, das hat sich bei mir auch eingeprägt. Und weißt du, was noch: die erste Pizza in meinem Leben. Die hab ich mit dem Posaunenchor in Marburg gegessen.

Stimmt. Wir waren alle eingeladen in der Biegenstraße.

Offen gestanden fand ich das furchtbar: warmer Käse, der sich so mit der Gabel ziehen ließ. Brrr! Mit Mühe habe ich ein Viertel davon runtergebracht.

Na, heute ist Pizza doch geradezu dein Leibgericht.

Ja, den zweiten Versuch habe ich im Jahr danach in Italien gestartet. Die Pizza war großartig! Seitdem gehört Pizza echt zu meinen Lieblingsspeisen.

UMBRÜCHE UND AUFBRÜCHE

MARGOT UND ANDREAS // Denken wir im Rückblick an die Ölkrise 1973, begann für unsere Generation eine Zeit der Umbrüche und Aufbrüche. Zum Jahresende hatte sich der Ölpreis vervierfacht, weil die arabischen Förderländer Druck auf die westlichen, proisraelischen Regierungen ausüben wollten. Es ging ihnen darum, während des Jom-Kippur-Krieges, den Ägypten und Syrien gegen Israel führten, Position für die arabische Seite zu beziehen. Die westlichen Staaten spielten nicht mit – und die »Saudis drehten den Ölhahn zu«, wie es lapidar in machen Zeitungsüberschriften hieß.

Am 25. November 1973 herrschte auf den Straßen und Autobahnen der Bundesrepublik Deutschland gähnende Leere. Erstmals in der Geschichte des Landes galt ein bundesweites Fahrverbot. Einige Tage zuvor hatte die Bundesregierung in einem »Energiesicherungsgesetz« drastische Sparmaßnahmen verordnet und für vier Sonntage im November und Dezember ein Fahrverbot erlassen. Außerdem gab es Tempolimits, um Kraftstoff zu sparen. Übrigens auch ein Eingriff in die Freiheitsrechte, lange vor Corona.

Ein Jahr zuvor hatten palästinensische Terroristen während der Olympiade in München neun Mitglieder der israelischen Olympiamannschaft als Geiseln genommen. Die Geiselnehmer forderten die Freilassung von über 200 in Israel inhaftierten Palästinensern sowie der RAF-Terroristen Andreas Baader und Ulrike Meinhof, die in Stuttgart-Stammheim in Haft saßen. Bei einer gescheiterten Befreiungsaktion auf dem Flughafen Fürstenfeldbruck starben 15 Menschen – alle Geiseln, fünf der acht Entführer und ein Polizist. Bereits vorher waren zwei Sportler von den Geiselnehmern erschossen worden.

ANDREAS // Das erste Mal habe ich bei der Olympiade 1972 die Erschütterung der für mich bis dahin heilen Welt wahrgenommen. Terror in Deutschland, das war schockierend.

MARGOT // Die Olympiade in München sollte ja eigentlich ein »Fest des Friedens« werden. Als dann die israelischen Sportler ermordet wurden – und das in Deutschland! –, gab es Überlegungen, die Spiele abzubrechen. Aber nach einer eintägigen Unterbrechung entschied IOC-Präsident Avery Brundage: »The games must go on!«

Viele fragten sich, ob die Entscheidung richtig war. Und der Terror ging weiter. Die drei überlebenden Geiselnehmer wurden wenige Wochen später durch die Entführung der Lufthansa-Maschine »Kiel« freigepresst.

Der Terror der »Rote Armee Fraktion« (RAF) hat Deutschland damals in Atem gehalten.

Ich denke an die Entführung und Ermordung des Arbeitgeberpräsidenten Hanns Martin Schleyer.

Das Foto von Hanns Martin Schleyer mit der Zeitung in der Hand habe ich noch vor Augen. Und ich denke auch an die anderen Menschen, die damals von der RAF ermordet wurden: Buback, Ponto, Herrhausen ...

Als ich 1977 in Tübingen studierte, wurden die Leichen von Gudrun Ensslin, Jan-Carl Raspe und Andreas Baader, die im Gefängnis von Stuttgart-Stammheim Selbstmord begangen hatten, unter großem Polizeischutz von dort in die Tübinger Anatomie gefahren. Das habe ich als gespenstische Szene in Erinnerung.

Einige RAF-Terroristen sind später jahrzehntelang in der DDR untergetaucht. Sie wurden nach dem Fall der Mauer im Osten Deutschlands aufgespürt. Das war für mich völlig überraschend.

Fand ich auch merkwürdig.

Wenn wir schon dabei sind: Meine Kinder haben die DDR gar nicht mehr bewusst wahrgenommen. Die haben, wenn es in der Schule um die deutschen Bundesländer und ihre Hauptstädte ging, gelernt: Hessen/Wiesbaden, Thüringen/Erfurt ...

Da hatten wir Glück, wir brauchten nur elf zu lernen ;-). Aber im Ernst: Eine wirkliche Auseinandersetzung mit der deutschen Teilung oder Todesschüssen an der innerdeutschen Grenze hat zu unserer Schulzeit nicht stattgefunden. Wenn du in Westdeutschland etwas kritisiert hast, hieß es oft: Wenn es dir hier nicht passt, geh doch rüber! Ich habe mir nicht vorstellen können, dass irgendwann die Mauer fällt.

Mehrfach war ich im Laufe der Jahre mit Tagesvisum in Ostberlin. Wir haben kirchliche Partnergemeinden und Verwandte meines Mannes besucht. Im »kleinen Grenzverkehr« war das möglich. Es war belastend zu sehen, unter welchen Repressalien Christen in der DDR zu leiden hatten. Etwa dass Töchter und Söhne von regimekritischen Pfarrerinnen und Pfarrern kein Abitur machen konnten.

Wir waren mit unserer Pax-Christi-Gruppe auch mehrfach in der DDR und haben friedensbewegte katholische Christen dort besucht.

Als US-Präsident Ronald Reagan am Brandenburger Tor gesagt hat: »Mr. Gorbatschov, tear down this wall!« (»Reißen Sie diese Mauer nieder!«), fand ich das pathetisch.

Das ging mir auch so. Ein Märchenerzähler, dachte ich. Das hat ihm irgendjemand aufgeschrieben. Aber Ronald Reagen war eben auch Schauspieler und Dramaturgie sein Ding.

Als die Mauer dann fiel, war das bewegend, unerwartet, unfassbar ...

Ich war, wie du, auch mehrmals mit Tagesvisum in Ostberlin gewesen. Als die Mauer fiel, saß ich vor dem Fernseher, sah die Bilder aus Berlin und dachte: unvorstellbar. Jede Menge Menschen, die als »Mauerspechte« einfach Teile der Grenzbefestigung, die bis dahin als unüberwindbar galt, abgehauen haben! Zu sehen, wie Menschen frei von Ostberlin nach Westen fahren und dort euphorisch begrüßt wurden, das war bewegend! Deine und meine Kinder haben das nicht oder zumindest nicht bewusst miterlebt. Deine älteste Tochter war damals ja erst sieben Jahre alt. Unsere jüngsten Kinder sind nach dem Mauerfall geboren, 1991. Für sie ist das ohnehin Geschichte.

1989 ist prägend für uns – und noch viel mehr für diejenigen, die in der DDR aufgewachsen sind. Für die Ostdeutschen war es ja ein viel existenziellerer Umbruch, der bevorstand, als für uns »Wessis«. Die Bilder vom 9. November 1989 sind Erinnerungen, die alle, die es gesehen oder miterlebt haben, nicht vergessen werden.

Immer wieder finde ich es interessant, mit den Menschen, die dabei waren, darüber zu sprechen: Was habt ihr erlebt, wie habt ihr das damals für euch gesehen? Manchmal, wenn unsere Nachbarn auf Usedom erzählen, staune ich, wie wenig ich doch wusste über das Alltagsleben in der DDR.

Auch der Reaktorunfall in Tschernobyl drei Jahre vorher war so ein einschneidendes, prägendes Erlebnis. Es war klar, wie verheerend die freigesetzte Radioaktivität war. Die Gefahr kam mit den Wolken aus dem Osten, und wir waren alle froh, als sie irgendwann weitgehend gebannt schien …

Erst später hat man realisiert, wie viele Opfer das Unglück wirklich gekostet hat. All die Arbeiter und Rettungskräfte der ersten Stunde, die verstrahlt wurden und starben. Die Kinder, die Jahrzehnte später mit Missbildungen auf die Welt kamen und vieles mehr. Meine Älteste war noch nicht einmal zwei Jahre alt. Und wir hatten Angst. Es war unheimlich, weil die Gefahr nicht sichtbar und nicht spürbar war. Das machte die Bedrohung so irreal. Die Kinder sollten nicht zum Spielen in den Sandkasten gehen. Ich kann mich auch erinnern, dass Bauern ganze Anhänger voller Salatköpfe vor das Rathaus in Kassel gekippt haben. Sie waren verzweifelt. Niemand wollte mehr Salat aus Freilandanbau kaufen, weil der radioaktiv verstrahlt sein könnte.

Ich war ein paar Tage zuvor mit den neugeborenen Zwillingen aus dem Krankenhaus gekommen. Sie hatten am 1. Mai auf einer Decke im Garten gelegen, die ältere Schwester hatte im Sandkasten gespielt. Am Tag darauf hieß es im Radio, das sei das Schlimmste, was Eltern hätten tun können, denn im Gras und im Sand sei die Verstrahlung am höchsten. Das hat mich schockiert. In diesem Jahr ist dann die Antiatomkraftbewegung richtig in Gang gekommen.

Schon vorher hatte ich aber einen riesigen Aufkleber »Atomkraft nein danke«, den ich auf dem Kirchentag gekauft hatte, vorne über die ganze Motorhaube auf meinen VW-Käfer geklebt.

Auf einmal haben wir begriffen, Umweltschutz hat auch etwas mit unserem Glauben zu tun. Die »Bewahrung der Schöpfung« wurde ein großes Thema, das auch die Evangelischen Kirchentage bewegte. Zum ersten Mal war ich 1979 auf einem Kirchentag in Nürnberg dabei. Und ich hatte auch so einen »Atomkraft nein danke«-Aufkleber auf meinem alten Renault 4, allerdings klein und hinten am Heck.

In Nürnberg kamen unter dem Motto »Zur Hoffnung berufen« fast 80 000 Teilnehmerinnen und Teilnehmer zusammen, es herrschte nach einigen Jahren, in denen die Veranstaltungen deutlich weniger gut besucht waren, Aufbruchsstimmung. Auch das Kirchentagsplakat spiegelte dieses Gefühl. Es zeigte ein schwarzes Kreuz, aus dem ein Zweig in leuchtendem Grün wuchs. Den Aufkleber habe ich heute noch auf meinem Posaunenkoffer. Nürnberg war auch mein erster Kirchentag.

Das erste Mal wurde auf diesem Kirchentag ein »Feierabendmahl« gefeiert. In meiner Jugend hatte ich das Abendmahl eher wie eine Trauerveranstaltung erlebt. Das Abendmahl nun so bunt im Kreis als Fest des Lebens zu feiern, das hat mich begeistert.

Wenn wir uns an solche Erlebnisse erinnern, merken wir, dass vieles von dem, was wir in den letzten Jahrzehnten ähnlich erfahren haben, auch Konsequenzen für unser heutiges Handeln hat. Wie wir bestimmte Entwicklungen und Situationen einschätzen.

Es sind Erfahrungen, die wir teilen, auch wenn wir uns auf Kirchentagen nicht persönlich begegnet sind. Warum eigentlich nicht?

Weil du bestimmt auf einem Podium saßt und ich war Fußvolk ;-)!

Stimmt nicht, in Nürnberg habe ich in einer Schule auf der Luftmatratze geschlafen.

Sogar in Hannover 1983 habe ich noch in einer Schule mit den anderen Posaunenchormitgliedern auf dem Fußboden geschlafen.

Da habe ich tatsächlich das erste Mal öffentlich gesprochen, im Rahmen eines Fürbittengebetes bei der Aussegnung der Delegierten für die Vollversammlung des Ökumenischen Rates in Vancouver.

Es sind auf jeden Fall Erlebnisse, die viele mit ähnlichen Emotionen durchlebt haben. Gerade bei Tschernobyl denke ich das. Wer hatte damals nicht auch das Gefühl: Du bist so hilflos, denn du kannst deine Kinder vor diesen Strahlen nicht schützen.

Das sind immer wieder unsere Gesprächsthemen aus gemeinsamer Erinnerung, aber eben auch mit Konsequenzen für die Einschätzung bestimmter heutiger Entwicklungen.

Wenn ich mir vorstelle, es würde eine Generation zwischen uns liegen – bei Partnerschaften gibt es das ja auch –, da fehlte etwas. Ich will nicht sagen, dass es nicht funktionieren könnte. Aber ich denke, da fehlt gemeinsames Erleben, gemeinsame Erinnerung.

Und inzwischen haben wir ja auch Kirchentage gemeinsam erlebt. Als ich 2003 in Berlin das erste Mal auf einem Kirchentag eine Bibelarbeit gehalten habe, wurde mir eine Sängerin zugeteilt, die zwischen meinen Auslegungen auftrat. Es war eine etwas merkwürdige Erfahrung. Ihr Beitrag war gewiss sehr gut. Aber er hat das Publikum nicht mitgenommen. Die Menschen wollten selbst singen, als Ausdruck ihrer Freude und weil es ein schönes Gemeinschaftserlebnis ist, mit 10 000 anderen in einer Halle Musik zu machen! Ich habe dann etwas salopp gesagt: »Wäre jetzt ein Posaunenchor hier, würde ich gern mit Ihnen allen singen!« Ein paar Wochen später meldete sich ein Posaunenchor bei mir mit dem Angebot, mich in Zukunft gerne auf den Kirchentagen zu begleiten. So entstand ein wunderbares Miteinander, bei »meinen« Bibelarbeiten habe ich immer Singen mit eingebaut, und du hast ja dann in Stuttgart 2015 auch im Posaunenchor mitgespielt. Das war eine schöne Gemeinsamkeit. Und es kam so leicht daher.

Du oben mit auf der Bühne im Posaunenchor, unten im Saal in der ersten Reihe meine Tochter und mein Schwiegersohn mit der ersten Enkeltochter. Nachdem ich zehn Minuten geredet hatte, sagte sie laut: »Die Omi soll jetzt aufhören!« Ich musste aufpassen, nicht loszuprusten. Meine Enkeltochter kam dann selbstbewusst Richtung Bühne, ein großer Pfadfinder hob sie hoch, und sie setzte sich zufrieden auf einen Stuhl hinter mir und schaute Familienfotos auf dem Handy an. Dass vor ihr ein paar Tausend Menschen saßen, interessierte sie nicht die Bohne.

FRIEDENSBEWEGUNG

***MARGOT UND ANDREAS** // Ohne voneinander zu wissen, haben wir uns beide viele Jahre in der Friedensbewegung und im konziliaren Prozess für Gerechtigkeit, Frieden und die Bewahrung der Schöpfung engagiert. Beide waren wir zum Beispiel bei der großen Demonstration im Bonner Hofgarten 1981 dabei – getroffen haben wir uns unter den 300 000 Teilnehmenden nicht ;-). Unter anderem wurde damals gegen den NATO-Doppelbeschluss protestiert. Zu den Rednern zählten Heinrich Böll, Erhard Eppler, Petra Kelly und Coretta Scott King, die Witwe von Martin Luther King.*

Auch das Buch »Haben oder Sein« von Erich Fromm hat uns ähnlich stark beschäftigt. Fromm schreibt in seinem 1976 erschienenen Buch über die westliche Gesellschaft, die aus seiner Sicht zunehmend vom Streben nach Besitz beherrscht wird. Dem stellt er die Geisteshaltung des »Seins« gegenüber. Eine Haltung, in der Besitz und Macht keine Rolle spielen. Er entfaltet die Vision einer anderen Welt, von der auch Jesus spricht – eines Miteinanders, das vom Glauben an das Gute getragen wird. Ja, wir glauben, dass echtes Teilen, Gerechtigkeit und Liebe die Welt verändern können. Viele finden das naiv. Aber wie gut ist es, solche Grundüberzeugungen zu teilen!

ANDREAS // Die unfassbare Armut und die Perspektivlosigkeit der Menschen in der (früher) sogenannten Dritten Welt hat uns damals sehr beschäftigt. Die Verstrickungen unterschiedlichster weltwirtschaftlicher Mechanismen, die zur Armut führen, waren und sind vielschichtig und haben viel mit unserem Konsumverhalten zu tun. Unter diesem Aspekt entstanden in den 70er-Jahren die ersten »Dritte-Welt-Läden« in Deutschland, von denen sich später viele in »Eine-Welt-Laden« umbenannten und dann Ende der 90er-Jahre in »Weltladen«. Zeitgleich entstanden Aktionsgruppen, oft im kirchlichen Spektrum, die die Initiative des fairen Handels damals wie heute unterstützen.

Mich hat das nachhaltig beschäftigt, ich wollte dazu beitragen, dass sich etwas ändert, gerechtere Strukturen entstehen. In der Kirchengemeinde gründete ich mit Gleichgesinnten eine Aktionsgruppe. Wir besorgten bei der GEPA (Gesellschaft zur Förderung der Partnerschaft mit der Dritten Welt) Waren wie Kaffee, Tee, Honig, Schokolade, Gewürze und vieles mehr. Verkauft haben wir die Waren dann an kleinen Ständen, vor oder nach einem Gottesdienst und bei Gemeindefesten. Die Erlöse und die Spenden, die wir eingesammelt haben, kamen den Erzeugern unmittelbar zugute.

1978 stieß die GEPA mit dem Slogan »Jute statt Plastik« ein Umdenken im Hinblick auf umweltbewusstes Handeln an. Die Jute-Tasche wurde zum Symbol derer, die die Wegwerfgesellschaft infrage stellten. Die Diskussion um die Verbannung von Plastik, wie wir sie heutzutage erleben, ist also nicht neu. An dem Thema waren wir damals schon dran.

Als junge Erwachsene hatten wir viele Ideen von einer besseren Welt, in der es gerechter, friedlicher, humaner, naturgemäßer zugeht. Wir glaubten, dass sich über Bewusstseinsbildung und Aufklärung das Verhalten der Menschen nachhaltig ändern ließe. Diese Hoffnung habe ich bis heute – und ich versuche meinen Beitrag dazu zu leisten, dass sich etwas zum Positiven verändert. Doch der Enthusiasmus aus alten Tagen hat im Laufe der Jahrzehnte ein wenig nachgelassen und ist einem gewissen Realismus gewichen. Konsumenten haben durchaus die Möglichkeit, über ihr Kaufverhalten Märkte zu verändern, aber dazu bedarf es eines breiten Konsenses. Allein durch Appelle an die Eigenverantwortung ist das nicht zu erreichen. Ein einziges Gesetz, durchdacht und vernünftig ausgearbeitet, kann tausend Mal mehr bewegen als alle Appelle an die Verbraucher. Politisches Handeln ist gefragt! Früher habe ich mit anderen Unterschriften in Fußgängerzonen gesammelt. Heute kann die Stimme des Protests über Plattformen wie Campact in kürzester Zeit tausendfach hörbar gemacht werden.

Mitte der 80er-Jahre begannen wir damit, uns als Familie vegetarisch zu ernähren. Aus der Überzeugung heraus, mit diesem Verhalten und dieser Haltung etwas gegen die Massentierhaltung unternehmen zu können. Unsere Kinder haben das tapfer mitgemacht, auch wenn sie sich auf die Bratwurst bei einem Besuch bei Oma und Opa immer gefreut haben. So dogmatisch waren wir dann doch nicht. Wenn ich aber bedenke, was unser Fleischverzicht von mindestens zwei Jahrzehnten letztlich bewirkt hat, abgesehen von der, wie wir meinten, gesünderen Lebensweise, komme ich zu dem Schluss: nichts! Im Gegenteil, die Massentierhaltung hat weiter zugenommen. Tiere und Natur werden schlimmer ausgebeutet als jemals zuvor.

MARGOT // Gemeinsam empört hat uns »Fulda Gap« – ein Spiel, bei dem in den USA ein Aufeinandertreffen der Atommächte in der Nähe von Fulda simuliert wurde. Von dort aus ist es nicht weit bis Stadtallendorf. Dass quasi in unmittelbarer Nachbarschaft ein Kriegsszenario geprobt wurde, hat uns stark beschäftigt. Auf einmal ging es nicht um irgendwelche fernen Konflikte, sondern es wurde deutlich, dass es auch uns ganz persönlich betrifft, wenn es zum sogenannten Ernstfall kommt. Denn wenn etwas geprobt wird, dann wird doch davon ausgegangen, dass es tatsächlich eintreffen kann.

Dass die Kirchen sich für den Frieden zu engagieren haben, davon waren und sind wir überzeugt. Und dass Gerechtigkeit Ziel kirchlichen Handelns in der Welt sein muss, weil die Bibel uns dafür Hoffnungsbilder malt, ebenso. Schöpfungsbewahrung sehen wir als biblischen Auftrag.

Aus diesen Grundüberzeugungen entstehen auch heute Gemeinsamkeiten. Wir haben in den letzten Jahren zusammen mit Freundinnen und Freunden Konzerte von Joan Baez in Frankfurt oder Bob Dylan in Mainz besucht. Gemeinsam haben wir am Bundeswehr-Fliegerhorst in Büchel zusammen mit vielen anderen Menschen gegen die dort lagernden Atomwaffen nun gemeinsam demonstriert. Oder wir haben die von Pax Christi gegründeten Friedensräume, ein Friedensmuseum am Bodensee besucht, als ich an einer Konferenz der Weltreligionen für den Frieden teilnahm.

Ich habe nachträglich den Kriegsdienst verweigert. Wenn ich das erzähle, kommt oft die Frage: Wieso nachträglich? Du hast also gedient, das heißt, die Wehrpflicht absolviert und später dann noch verweigert? Das ergibt doch gar keinen Sinn. Doch, sage ich, denn im Grundgesetz Artikel 4, Absatz 3 steht: »Niemand darf gegen sein Gewissen zum Kriegsdienst mit der Waffe gezwungen werden.« Es geht nicht um Wehrdienstverweigerung, sondern um Kriegsdienstverweigerung. Sicherlich kommt es nicht häufig vor, dass Männer nach abgedienter Wehrpflicht noch verweigern, aber dieses Recht steht jedem zu.

Als ich im Alter von 19 Jahren zur Bundeswehr kam, hatte ich mir zu alldem noch nie Gedanken gemacht. Ich lebte in einem Umfeld, das den Wehrdienst, die Bundeswehr als solche, nie thematisiert, geschweige denn infrage gestellt hat. Man sah es sozusagen als Naturgesetz an, seinen Wehrdienst abzuleisten, der damals 15 Monate dauerte. Um meine Familie finanziell zu entlasten, beschloss ich, mich als Soldat auf Zeit für zwei Jahre zu verpflichten. Von dem dadurch höheren Sold konnte ich mein Leben unabhängig bestreiten.

Unmittelbar nach meiner Zeit als Soldat begann ich ein Studium der Elektrotechnik in Kassel. In dieser neuen Umgebung kam ich in Kontakt mit der katholischen Hochschulgemeinde und der katholischen Friedensbewegung Pax Christi. Der Pfarrer der Hochschulgemeinde hielt in regelmäßigen Abständen Gottesdienste in der Kirche, zu deren Gemeinde ich gehörte. Die Predigten dieses Pfarrers bewegten mich im Innersten so stark, dass ich begann, mir die Frage nach der Legitimität sowie der moralischen Verantwortung mit Blick auf mein Soldatsein zu stellen. Zum ersten Mal machte ich mir bewusst, was Kriegführen und Tötenmüssen im Ernstfall bedeuten.

Im Frühjahr 1984 besuchten wir mit unserem Bläserkreis andere Bläserchöre in Leipzig. Auf dem Weg zur Wohnung der Gastfamilie, bei der ich untergebracht war, kamen wir an einer Kaserne der Sowjetarmee vorbei. Während meiner Zeit bei der Bundeswehr war die Sowjetarmee immer nur als abstraktes Feindbild dargestellt worden. Jetzt wurde mir auf einmal ganz neu deutlich, dass sich hier an der innerdeutschen Grenze die beiden Militärblöcke NATO und Warschauer Pakt, bis an die Zähne bewaffnet, gegenüberstanden. Als mir mein Gastgeber erzählte, dass er bei der Nationalen Volksarmee gedient hatte, stellten wir mit Schrecken fest: Im Kriegsfall würden wir beide aufeinander schießen müssen. Was für ein Wahnsinn! Niemand sollte auf irgendjemanden schießen müssen. Aber die Steigerung der Perversion des Kriegführens gipfelt darin, dass sich die eigenen Landsleute beschießen!

Die Gewissensfrage, die ich mir damals immer wieder stellte, ließ letztendlich nur eine Konsequenz zu: Ich muss den Kriegsdienst verweigern. Per Post schickte ich meinen Antrag auf Kriegsdienstverweigerung ans Kreiswehrersatzamt und musste mich in der Folge auch als »nachträglicher Verweigerer« einer Gewissensprüfung unterziehen. Dazu gehörte eine ausführliche, schriftliche Begründung, an der ich lange gearbeitet habe.

Verweigert habe ich aus christlicher Überzeugung. Für mich war klar, dass Töten nach Gottes Willen nicht sein darf. So steht es in den Zehn Geboten – und Jesus tritt für absolute Gewaltlosigkeit ein. Aber es geht auch nicht nur um religiöse Beweggründe. Welche Absurdität steckt dahinter, jemanden für einen Mord oder Totschlag in Friedenszeiten lebenslänglich ins Gefängnis zu verbannen, ihm aber für das gleiche Verbrechen im Krieg einen Orden zu verleihen.

Hannes Wader besingt in dem Lied »Es ist an der Zeit« das Schicksal eines unbekannten Soldaten, der im Alter von

18 Jahren im Ersten Weltkrieg starb. Der Erzähler überlegt, wie der Soldat zu Tode gekommen sein könnte und ob er seinen »wirklichen Feind« erkannt hätte. Das Lied, das ich oft gesungen habe, ruft dazu auf, den nächsten Krieg zu verhindern – »Es ist an der Zeit«.

Margot hat mir zu meinem Geburtstag die Biografie von Hannes Wader geschenkt. Mir ist bei der Lektüre klar geworden, dass ich nicht aus Zufall früh seine Lieder mit der Gitarre nachgesungen habe. Ich teile seine Grundüberzeugungen als Pazifist.

Wichtig geworden ist mir auch eine Erzählung, die Wolfgang Borchert 1947 unter dem Eindruck des verheerenden Krieges geschrieben hat. Da heißt es: »Du. Mann an der Maschine und Mann in der Werkstatt. Wenn sie dir morgen befehlen, du sollst keine Wasserrohre und keine Kochtöpfe mehr machen – sondern Stahlhelme und Maschinengewehre, dann gibt es nur eins: Sag NEIN! (...)

Du. Mädchen hinterm Ladentisch und Mädchen im Büro. Wenn sie dir morgen befehlen, du sollst Granaten füllen und Zielfernrohre für Scharfschützengewehre montieren, dann gibt es nur eins: Sag NEIN!«

Mir wurde klar, auch ich musste Nein sagen.

Zusätzlich zur schriftlichen Begründung der Kriegsdienstverweigerung wurde ein Verfahren vor einem Prüfungsausschuss angesetzt, bei dem ich meine Beweggründe darlegen und mich rechtfertigen musste. Davor war mir bange. Nicht weil ich unsicher war bezüglich meiner Entscheidung, den Kriegsdienst zu verweigern, oder mir die Rechtfertigung schwerfallen würde. Im Grunde war ich entsetzt darüber, dass Männern, denen ihr Gewissen verbietet, andere Menschen zu töten, sich genau dafür in einem Rechtsstaat rechtfertigen müssen. Ich musste mich für die Einhaltung des Tötungsverbotes – das in unseren Gesetzen steht – einer Prüfung meines Gewissens unterziehen. Das Ganze hatte aus meiner Sicht etwas von Inquisition. Wie sollte ich mich dabei verhalten? Wochenlang habe ich mir dieses ganze Prozedere vor dem Prüfungsausschuss vorgestellt und in Gedanken durchgespielt. Die immer wieder gleichen Fragen kreisten permanent in meinem Kopf.

Irgendwann konnte ich diesen Druck nicht mehr aushalten, und ich beschloss, nicht mehr weiter darüber nachzudenken. Stattdessen klammerte ich mich an ein Bibelzitat: »Denn nicht ihr seid es, die da reden, sondern eures Vaters Geist ist es, der durch euch redet.« (Matthäus 10, 20) Dieser Satz gab mir die Kraft, ruhiger und etwas gelassener auf die bevorstehende Verhandlung zu schauen. Ich hörte auf, mir Antworten zurechtzulegen auf Fragen, die vielleicht gestellt werden könnten. Auf den Vers aus dem Matthäusevangelium legte ich mein ganzes Gottvertrauen.

Vor dem Prüfungsausschuss, zu dem mich ein väterlicher Freund begleitete, musste ich meine Begründung vorlesen. Ich war perplex. Nahm ich doch an, dass alle Anwesenden meine Begründung, an der ich über ein Jahr geschrieben hatte und in der so viel Persönliches steckte, längst gelesen und sich ein Bild gemacht haben mussten. Das hatten die Mitglieder des Ausschusses aber nicht. Nun wurde ich aufgefordert, meine ganze Begründung selbst vorzulesen.

Mir kamen die Tränen. Ich dachte, ich hätte das alles ausführlich genug formuliert. Es war eine belastende Situation. Aber am Ende wurde meine Kriegsdienstverweigerung anerkannt. Für mich war das eine ungeheure Erleichterung!

Knapp 40 Jahre sind seitdem vergangen. Damals habe ich mir unter anderem die Frage gestellt: Gibt es im Leben Überzeugungen, die so unumstößlich sind, dass sie ein Leben lang Bestand haben können? Die Antwortet lautet: Ja, die gibt es. Und meine Entscheidung zur Kriegsdienstverweigerung gehört dazu.

1983 wurde der sogenannte NATO-Doppelbeschluss, der die Stationierung von amerikanischen Mittelstreckenraketen in Westdeutschland regelte, durch den Bundestag gebilligt. 1986 kam es zu einer Großdemonstration im Hunsrückdorf Hasselbach, bei der über 100 000 Menschen gegen die Stationierung von 96 atomaren Mittelstreckenraketen protestierten. Mit einem Freund aus der katholischen Friedensbewegung Pax Christi nahm ich an dieser Demonstration teil. Es war ein unglaublich bewegendes Gefühl, sich gemeinsam mit so vielen Gleichgesinnten für den Frieden einzusetzen. Drei Jahre später habe ich mich im Rahmen einer Kampagne gegen Rüstungsexporte engagiert. Der Daimler-Konzern sollte dazu gebracht werden, die Rüstungsproduktion und den Export von Waffen einzustellen. Zusammen mit einem anderen Friedensaktivisten bin ich damals mit einem umgebauten Unimog, auf dessen Ladefläche eine Panzerattrappe montiert war, durch Hessen gefahren. Das hat natürlich für großes Aufsehen und Interesse gesorgt. In einigen Städten haben wir Station gemacht und dort unseren Informationsstand aufgebaut.

Durch die Geburt meiner beiden Töchter wurde ich in meinem Engagement für den Frieden bestärkt. Ich wollte, dass sie in einer friedvolleren Welt aufwachsen. Und es war mein Wunsch, dass meine Zwillingssöhne, die 1991 geboren wurden, später keinen Militärdienst ableisten. Das Lied

»Nein, meine Söhne geb' ich nicht«, das Reinhard Mey 1986 schrieb, sprach mir aus dem Herzen. Der eine Sohn leistete dann auch Zivildienst, der andere wurde »ausgemustert« ...

Wenn ich lese, was Andreas geschrieben hat, denke ich: Es gibt so viele Parallelen in unserem Leben, Überschneidungen der unterschiedlichsten Form! Im Bonner Hofgarten hätten wir uns 1981 treffen können, da habe ich auch mitdemonstriert.

Meine Eltern hatten als junge Menschen den Krieg erlebt. Meine Mutter war als Krankenschwester während der Bombennächte in Berlin, sie musste manchmal Brandgranaten vom Dach werfen, erzählte sie. Später wurde sie mit ihrer Abteilung nach Rügen evakuiert. Von dort ist sie im Frühjahr 1945 nach Dänemark geflohen, wo sie zwei Jahre in einem Internierungslager leben musste. Von ihren Briefen habe ich ja schon erzählt. Die ganze Grausamkeit, die der Krieg mit sich bringt, hatte sie erlebt.

Mein Vater war 18 Jahre alt, als der Zweite Weltkrieg begann. Er wurde sofort eingezogen und war bis April 1945 Soldat. Dann kam er in amerikanische Kriegsgefangenschaft – da war er 23. Die schrecklichen Erlebnisse wirkten nach, auch wenn selten darüber gesprochen wurde. Bei uns zu Hause war klar: Es darf nie wieder Krieg geben.

Als ich als Jugendliche 1974/75 in den USA war, ging der Vietnamkrieg zu Ende. Ich habe in Amerika erstmals Menschen kennengelernt, die den Krieg grundsätzlich bejahten. Sie empfanden es als Schande, dass die Amerikaner in Vietnam nicht gesiegt hatten. Gleichzeitig habe ich durch die Lektüre der Texte von Martin Luther King gelernt, dass es Christenpflicht ist, sich gegen den Krieg zu engagieren.

»Krieg darf nach Gottes Willen nicht sein«, haben die Kirchen der Welt 1948 auf der Vollversammlung des Ökumenischen Rates in Amsterdam erklärt. 1974/75 wurden für mich die Grundlagen für mein späteres Engagement im Ökumenischen Rat gelegt. Fast 20 Jahre war ich ab 1983 Mitglied im Zentralausschuss, von 1991 bis 1998 auch im Exekutivausschuss. Ich habe viel Engagement investiert, weil ich überzeugt war: Die Kirchen der Welt können etwas erreichen, wenn sie konsequent über alle nationalen Bindungen hinweg für Frieden und Gerechtigkeit eintreten.

Später war ich viele Jahre – bis zur Aussetzung der Wehrpflicht – Präsidentin der KDV, der Beratungsstellen für Kriegsdienstverweigerer. Das Recht auf Kriegsdienstverweigerung war mir immer fundamental wichtig. In der Evangelischen Kirche (EKD) fanden manche mein Engagement zu einseitig. Aber für dieses Recht einzutreten ist ja kein Votum gegen Soldaten! Es ist vielmehr ein Recht – auch für Soldaten – »Nein« zum Kriegsdienst und zum Töten zu sagen, das wird mir an der Geschichte von Andreas noch einmal deutlich. Bei einer Tagung zu diesem Thema in Moskau hatte ich eine Auseinandersetzung mit einem Vertreter der russisch-orthodoxen Kirche, der erklärte, Dienst an der Waffe sei Dienst für das Vaterland. Mich hat das an die Beschimpfung von Kriegsdienstverweigerern in Deutschland erinnert, die von manchen als »Vaterlandsverräter« oder »Weicheier« bezeichnet wurden.

Irgendwann hatten sich die Verhältnisse in Deutschland absurd entwickelt. Von 480 000 jungen Männern pro Jahrgang leisteten 67 000 ihren Pflichtdienst als Soldaten, es gab mehr Zivildienstleistende, mehr als 78 000! Die große Mehrheit der jungen Männer wurde »ausgemustert«. Es wurden nicht mehr so viele Wehrdienstleistende gebraucht. Auf einer EKD-Synode habe ich das thematisiert und vorgeschlagen, die Wehrpflicht abzuschaffen. Das hat mir viel Gegenwind eingebracht. Dass es letztlich 2011 ein Minister aus der Partei CSU sein würde, der die Wehrpflicht aussetzt, hätte ich mir damals nicht vorstellen können.

Ich bin in kirchlichen und anderen Gremien für das Recht eingetreten, das Andreas persönlich wahrgenommen hat. Es gibt da eine hohe inhaltliche Übereinstimmung. Das gilt auch für die Ost-West-Begegnungen. Ich war mehrmals in der DDR, auch im Rahmen von Kirchengemeindepartnerschaften. Es waren Begegnungen auf Augenhöhe, ohne diese Beklemmung »reiche Tante aus dem Westen«, die es manchmal bei privaten Begegnungen gab. Das war ungeheuer hilfreich im kirchlichen Raum. Auch die beiden Kirchentagsbewegungen blieben einander ja eng verbunden. Ich denke, es wird im Nachhinein oft zu wenig gewürdigt, wie sehr kirchliche Begegnungen eine Klammer zwischen Ost und West dargestellt haben.

Das war insbesondere so im »konziliaren Prozess für Gerechtigkeit, Frieden und die Bewahrung der Schöpfung«. Ich war Jugenddelegierte bei der Vollversammlung des Ökumenischen Rates der Kirchen 1983 in Vancouver. Der Erfurter Propst Heino Falcke brachte für den Bund der Evangelischen Kirchen in der DDR den Antrag vor, ein »Konzil des Friedens« einzuberufen – in Anlehnung an Ausführungen Dietrich Bonhoeffers. Der südafrikanische Theologe Alan Boesak erklärte, die westlichen Kirchen dürften die Friedensfrage nicht benutzen, um der Frage der Gerechtigkeit aus dem Wege zu gehen. Und die Delegierte aus dem Pazifikraum, Darlene Keju-Johnson, plädierte dafür, die Verknüpfung der Friedens- mit der Schöpfungsfrage nicht zu leugnen. Die Atomwaffentests im Pazifik belasteten die Bevölkerung dort schwer, beispielsweise durch Missbildungen bei Neugeborenen.

Diese Erfahrungen in Vancouver haben mich tief geprägt. In den Folgejahren haben wir in Westdeutschland ökumenische Versammlungen in Königstein und Stuttgart durchgeführt, an deren Vorbereitung ich beteiligt war. In Ostdeutschland waren diese Versammlungen in Magdeburg und Dresden ein Aufbruchsignal. Die Kirche wurde zum Raum für offene, kritische Diskussionen. An zwei Versammlungen in der DDR habe ich als Gast für den Ökumenischen Rat teilgenommen. Da war eine große Unruhe und Hoffnung auf Veränderung zu spüren. Im Mai 1989 gab es dann eine Europäische Ökumenische Versammlung in Basel. Das selbstbewusste, offene Auftreten der kirchlichen Delegationen aus Osteuropa ließ ahnen: Hier lassen sich Menschen nicht länger mundtot machen. Aber es gab auch die durchaus begründete Angst, dass es zu staatlicher Repression und Gewalt kommen könnte. Wenig später löste das Massaker, das die chinesische Regierung an jungen Demonstrierenden auf dem Tien Amen Platz anrichtete, weltweite Erschütterung aus.

Andreas hat mit der Friedensbewegung Pax Christi gegen Rüstungsexporte demonstriert. Ich war Schirmherrin der »Aktion Aufschrei«, die gegen Waffenhandel demonstriert. Dass deutsche Waffen selbst in Kriegsgebiete geliefert werden und im Jemen oder im Irak auftauchen, ist ein Skandal, finde ich. Und ich bin froh, dass der Partner, mit dem ich zusammenlebe, das genauso sieht.

GESELLSCHAFTLICHES ENGAGEMENT

MARGOT // Sich für andere zu engagieren, war für mich immer selbstverständlich. Ich denke, das hat unsere Mutter uns allen vorgelebt. Es gab immer Menschen, um die sie sich »gekümmert« hat. Das war sicher eine Haltung aus christlichem Glauben, aus Nächstenliebe. Aber ich denke auch eine Folge der eigenen Erfahrung. Es gab in unserer Familie immer Empathie für Geflüchtete, weil die Erfahrung, die Heimat verloren zu haben, so tief saß.

In meiner Zeit als Landesbischöfin hatte ich natürlich besondere Möglichkeiten, Projekte für Menschen in Notsituationen anzuschieben. Als die römisch-katholische Kirche offiziell aus der Schwangerschaftskonfliktberatung ausgestiegen ist, weil sie den für eine Abtreibung notwendigen Beratungsschein nicht mehr ausstellen wollte, habe ich überlegt, wie zu reagieren wäre. Mir war wichtig, dass die evangelische Kirche offiziell in der Beratung bleibt, aber Frauen auch konkrete Alternativen anbietet. Wir haben deshalb das »Netzwerk Miriam« gegründet, das Schwangere im Konfliktfall berät, aber auch konkrete Hilfestellung leistet. Viele Freiwillige haben sich gemeldet, um ein 24-stündig erreichbares Notruftelefon zu installieren. Das prominenteste der Angebote ist das sogenannte Babykörbchen. Wenn Frauen ungewollt schwanger werden und sich für das Kind entscheiden, es zur Welt bringen, ihr Kind dann aber nicht selbst betreuen können oder wollen (weil vielleicht auch niemand davon wissen darf), können sie es anonym ins Babykörbchen am Friederikenstift in Hannover legen. Dort steht rund um die Uhr, sieben Tage die Woche ein gewärmtes Bettchen bereit, in dem sie das Kind in die Obhut der Diakonie geben können. Eine Hebamme, Ärztin oder Arzt kümmern sich um das Neugeborene. Später wird das Kind in eine Adoptivfamilie vermittelt. Das Körbchen war, als wir die Aktion ins Leben gerufen haben, zunächst sehr umstritten. Aber ich denke, wenn nur ein Kind dadurch gerettet werden kann, macht es Sinn. Das Netzwerk besteht bis heute, das freut mich sehr.

Eine andere Aktion, für die ich mich eingesetzt habe, ist das Projekt »Zukunft(s)gestalten«. Damit konnten wir Kindern in schwierigen Lebenssituationen Hilfestellung geben. Jetzt im Ruhestand bin ich Botschafterin für terre des hommes, einer Organisation, die Kinder in aller Welt, aber auch in Deutschland unterstützt. In Indien konnte ich Projekte besuchen, die Mädchen und jungen Frauen helfen, den schrecklichen Arbeitsbedingungen in den Textilfabriken zu entkommen. In Deutschland wird Kindern an einigen Standorten beispielsweise ganz konkret Nachhilfe und Lernunterstützung ermöglicht. Ich habe solche Projekte in Weiden und Garbsen kennengelernt. Kinder sind auch in Deutschland arm, sicher anders arm als in Indien, aber sie brauchen Unterstützung.

Und ich bin Mitherausgeberin der Straßenzeitung in Niedersachsen. »Asphalt« ist eine tolle Zeitung. Verkauft wird sie von Menschen in prekären Lebenslagen. Sie kaufen die Zeitung beim Verlag für 1,10 Euro und verkaufen sie für 2,20 – oft mit gutem Trinkgeld. Viele Käuferinnen und Käufer kennen »ihre« Verkäuferinnen und Verkäufer seit Jahren. So wird Kontakt auf Augenhöhe vermittelt, zwischen Menschen am Rande und in der Mitte unserer Gesellschaft.

Neben solchen Initiativen versuche ich grundsätzlich Augen und Ohren offen zu halten, Menschen konkret zu unterstützen, wo Hilfe notwendig ist, sei es durch Worte oder durch Taten. Ich kann mir nicht vorstellen, isoliert zu leben, ohne Engagement für andere. Wer es so gut hatte im Leben wie ich, denke ich, hat auch eine Verpflichtung, etwas zurückzugeben, sich in der Gesellschaft dort zu engagieren, wo es möglich ist.

ANDREAS // Allen Menschen sollte eine angemessene gesellschaftliche Teilhabe ermöglicht werden, unabhängig von ihrem sozialen Status, das ist mir aus eigener Erfahrung so wichtig. Das gilt in gleichem Maße für die Geflüchteten, die in unser Land kommen. Die Menschen, die vor Krieg oder politischer Unterdrückung, voller Verzweiflung und im Überlebenskampf ihre Heimat verlassen haben und nach einer Möglichkeit suchen, für sich und ihre Familie ein neues Leben aufzubauen. Sie brauchen unsere Unterstützung! Denn auch sie haben ein Recht, am gesellschaftlichen Leben teilzunehmen. Wir alle sind aufgerufen, ihnen dabei zu helfen. Für mich ist das eine Grundüberzeugung als Bürger dieses Landes.

Als im Jahre 2015 mehrere Hunderttausend Flüchtlinge in Deutschland ankamen, war die Hilfsbereitschaft in der Bevölkerung überwältigend. Überall entstanden spontan Gruppen und Vereine, die schnell und unbürokratisch gehandelt hatten, damit sich die Geflüchteten willkommen fühlen konnten. Der Slogan »Refugees welcome« war Ausdruck der Solidarität mit den geschundenen Menschen. Margot hat damals privat rote Armbänder mit diesem Slogan in Auftrag gegeben, die habe ich auch gern getragen und verteilt.

In der Erinnerung habe ich besonders die Bilder vom Münchener Hauptbahnhof. Scharen von Flüchtlingen kamen in voll besetzten Zügen aus dem Süden. Spontan hatte sich eine unglaubliche Anzahl Freiwilliger am Bahnhof versammelt, um den Gestrandeten zu helfen. Sie verteilten Sachspenden, Lebensmittel, Stofftiere für die Kinder, fungierten als Dolmetscher, halfen beim Aufbau und Einrichten von Zelten als Notunterkünfte und vieles mehr. Damals dachte ich, wie fantastisch es ist, dass unser Land so viel Mitgefühl zeigt und zu einer solchen Großherzigkeit fähig ist. Der oft zitierte Satz von Bundeskanzlerin Merkel: »Wir schaffen das«, hat sich bewahrheitet. Ja, wer denn sonst, wenn nicht wir, die wir in einem der reichsten Länder der Welt leben, könnte das denn schaffen?

Leider tendiert die aktuelle europäische Flüchtlingspolitik in eine andere Richtung. Bei ihr geht es zunehmend um Abschottung um jeden Preis. Für mich ist das eine traurige Entwicklung.

In Gießen gibt es eine Erstaufnahmeeinrichtung für Flüchtlinge, die bis in die 80er-Jahre als Bundesnotaufnahmelager für Flüchtlinge und Übersiedler aus der DDR gedient hatte. Diese größte Flüchtlingsunterkunft Deutschlands beherbergte im Jahr 2015 zeitweise bis zu 6000 Asylbewerberinnen und Asylbewerber. Das war für alle Verantwortlichen eine große Herausforderung. Die Menschen, die hier nach einer Flucht voller traumatischer Erlebnisse ihre erste Anlaufstelle fanden, brauchten nicht nur ein Dach über dem Kopf und zu essen. Ebenso wichtig war auch die Ansprache durch die Einheimischen vor Ort. Die evangelische Kirche half dabei, Helfer zu rekrutieren, um für diese Menschen die Monotonie des Alltags zu durchbrechen und den Geflüchteten etwas Ablenkung zu verschaffen. Wichtig war vor allem Deutschunterricht. Hierfür wurden zahlreiche freiwillige Helfer gesucht. Als ich davon hörte, dachte ich: Da kann ich mich einbringen! Wenige Tage später stand ich das erste Mal in einem Unterrichtsraum der gut bewachten hessischen Erstaufnahmeeinrichtung und musste tief durchatmen. Vor mir saßen fast 40 Männer aus sechs Nationen mit acht verschiedenen Muttersprachen. Da gab es beispielsweise Tigrinya, das unter anderem in Eritrea gesprochen wird. Andere kamen aus dem Iran und sprachen Farsi. Die Männer aus Afghanistan unterhielten sich auf Paschtunisch. Und wieder andere auf Arabisch, Kurdisch, Albanisch oder Somali.

»Wie soll das gehen?«, fragte ich mich. Und welche sprachlichen Fähigkeiten braucht man, um sich in einem fremden Land, dessen Sprache man nicht kennt, einigermaßen bewegen zu können?

Natürlich hatten alle Freiwilligen eine kleine Einführung bekommen und waren sich bewusst, dass es nicht leicht sein würde. Aber hineingeworfen in die Situation, musste ich mich schnell freischwimmen. Ohne die Transformationssprache Englisch hätte es wohl nicht funktioniert. Wenn ich ein deutsches Wort erklärte, benutzte ich oft die Übersetzung ins Englische.

Viele der Anwesenden konnten weder Deutsch noch Englisch verstehen, nur ihre Muttersprache. Aber zum Glück waren einige Männer da, die Englisch verstanden und dann in die jeweilige Landessprache übersetzen konnten. Auf Umwegen kamen wir also zum Ziel.

Wir übten Sätze wie: »Wie komme ich von hier aus am besten nach ...?«, »Gibt es hier einen Arzt?« oder »Was kostet ein Brötchen?« – eben das, was die Anwesenden unmittelbar in ihrer aktuellen Situation brauchen könnten. Plötzlich in der Rolle eines Deutschlehrers, wurde mir zum ersten Mal bewusst, wie kompliziert allein die Pluralbildung im Deutschen ist! Ein Fenster, zwei Fenster, aber: ein Tisch, zwei Tische; ein Ball, zehn Bälle. Warum eigentlich? Und wie kann man das am besten erklären? Wie lauten die Regeln? Das hat mich echt gefordert.

Alle im Lager mussten auch lernen, die kulturellen Gepflogenheiten untereinander zu respektieren. Denn das ist entscheidend für ein friedliches Miteinander, wenn so viele Menschen unterschiedlicher Herkunft auf engem Raum zusammenleben müssen.

In dieser Zeit befanden sich in einer evangelischen Kirchengemeinde in Gießen auch einige Asylbewerber im Kirchenasyl. Ich wurde gefragt, ob ich auch für sie einmal pro Woche Deutsch unterrichten könnte. Diese Aufgabe habe ich gerne übernommen. Es war ganz anders, mit einer kleinen Gruppe von vier oder fünf Personen zu lernen, viel persönlicher. Und ich wurde jedes Mal hinterher zum selbst gekochten Essen eingeladen. So entwickelte sich eine richtige Freundschaft, auch mit Sirak. Er war aus Eritrea geflohen, hatte vieles durchgemacht. Als er im Kirchenasyl war, bekam er die Nachricht, dass sein Vater zu Hause in Eritrea gestorben sei. Das war ein schlimmer Moment für ihn – zu wissen, nicht zurück zu können, um seinen Vater zu verabschieden. Sirak hat mir viel von seiner Flucht erzählt. Von Eritrea gelangte er zunächst in den Sudan. Hier wurden die Geflüchteten auf einer offenen Ladefläche eines Lkw zusammengepfercht, und dann ging es quer durch die Wüste. Wenn einer während der Fahrt vom Lkw fiel, ließ man ihn liegen. Der Wagen hielt nicht an – und die gestürzte Person war dem Tod geweiht.

Ein Boot brachte Sirak übers Mittelmeer nach Europa. Als er in Gießen ankam, war er acht Jahre lang auf der Flucht. Mich hat seine Geschichte sehr berührt.

Mittlerweile hat Sirak in Mittelhessen seine Ausbildung zum Koch abgeschlossen und eine deutsche Frau geheiratet. Nach seiner Flucht mit Stationen in Frankreich, den Niederlanden, England und Belgien ist er endlich angekommen. Ich freue mich sehr mit ihm. Gut, dass er hier eine Heimat gefunden hat.

Der Unterricht im Gemeindesaal der Kirchengemeinde, der ursprünglich für die Menschen im Kirchenasyl gedacht war, hatte sich schnell unter anderen Asylbewerbern und -bewerberinnen der Stadt herumgesprochen. Vor allem Ahmed aus Somalia, ein stets gut gelaunter »Sonnyboy«, hatte Werbung für den Unterricht gemacht. Und tatsächlich kamen dann auch einige vorwiegend somalische Frauen mit ihren kleinen Kindern regelmäßig zu mir in den Deutschunterricht. Den Kindern habe ich jedes Mal Süßigkeiten mitgebracht. Und als ich Geburtstag hatte, lud ich alle meine Schüler und Schülerinnen zu mir nach Hause ein. Kaum war die Einladung ausgesprochen, kamen die somalischen Frauen auf mich zu, um mir zu sagen, dass sie das Festtagsessen für mich kochen wollten. Warum nicht?, dachte ich.

In einem türkischen Geschäft kauften wir zusammen bergeweise Kartoffeln, Lammfleisch, Linsen, Zwiebeln, literweise Olivenöl und vieles mehr ein. An meinem Geburtstag kamen sie dann alle, samt ihren Kindern. Vier Frauen drängten sich in meiner kleinen Küche und fingen an zu kochen. Das war ihr Geburtstagsgeschenk für mich. Ihre Männer, Margot und ich kümmerten uns um die Kinder.

Als das Essen aufgetischt wurde, gab es großen Applaus. Unter anderem gab es Kartoffelstreifen, manche würden sagen »Pommes frites«, aber in den Farben Rot, Grün und Blau. Das war lustig, so etwas hatte ich vorher noch nicht gesehen. Lebensmittelfarben machen es möglich. Meine Küche, die zwischenzeitlich wie ein Schlachtfeld ausgesehen hatte, wurde nach dem Essen von den Köchinnen wieder aufgeräumt und blitzblank geputzt. Es war eine schöne Feier, ein unvergessliches Erlebnis.

Bei deinem Geburtstag konnte ich in der Küche nur staunen, wie viel Öl einfach so in die Pfannen gegossen wurde. Das Essen triefte in Fett. Wir sind inzwischen derart diszipliniert, fettarm zu kochen, dass ich von dieser Form der Zubereitung echt fasziniert war. Und die Stimmung war einfach wunderbar entspannt, herzlich, fröhlich. Bei allen Sprachhindernissen hat es Spaß gemacht, zusammen zu kochen und zu essen, mit jeder Menge Kindergewusel dazwischen. Dies ist so ein bisschen jesuanische Tischgemeinschaft, dachte ich damals.

Als ich in Berlin lebte, hat einige Zeit eine junge Frau, Maryam aus dem Iran, dreimal die Woche bei mir übernachtet, der Kontakt war über meine Schwester entstanden. Maryam war weit in Brandenburg in einem Flüchtlingswohnheim untergebracht, musste aber zum Deutschkurs nach Berlin. Sie ist aus dem Iran geflohen, weil sie als

Christin um ihr Leben bangte. Über die Flüchtlingsarbeit lernte sie ihren Mann Dennis kennen. Der hatte bisher keinen Kontakt zu Kirche und Glauben, ihn über Maryam gefunden. Wir waren ein paarmal miteinander essen, und ich dachte: Die Wege Gottes sind schon spannend. Geplant war, dass ich die beiden gemeinsam mit einem Kollegen im August 2020 kirchlich traue, Corona hat leider einen Strich durch die Rechnung gemacht. Maryam hatte inzwischen einige Semester Chemie studiert, doch sie war in Deutschland noch immer nur geduldet. Mehr als fünf Jahre musste sie um eine Aufenthaltserlaubnis kämpfen. Zum Glück bekam sie Unterstützung durch die Flüchtlingshilfe und konnte das lang ersehnte Dokument – die Aufenthaltsgenehmigung – im Frühjahr 2021 gemeinsam mit einer Berliner Anwältin abholen. So viele Jahre auf Anerkennung warten zu müssen ist zermürbend, finde ich, gerade für junge Leute. Aber den beiden scheint es gut zu gehen, ich freue mich für sie.

An eine andere Situation erinnere mich ebenfalls gut. Du hattest mich gebeten, Yohanna, die schwanger war, zur Voruntersuchung zu begleiten. Sie sollte unterschreiben, dass sie im Notfall einem Kaiserschnitt zustimmt. Yohanna war sehr jung, ich wusste nicht, wie ich ihr das erklären sollte. Mit weit aufgerissenen Augen hat sie versucht zu verstehen, dass ihr »der Bauch aufgeschnitten« werden könnte. Die Zustimmung zum möglichen Kaiserschnitt sollte vorab schnell und effektiv vonstattengehen, wie es in deutschen Kliniken üblich ist. Ich fand den Zeitdruck ätzend und war ziemlich unzufrieden mit mir selbst, wie ich versucht habe, das alles in Eile mit Händen und Gesten zu erklären.

Am Ende wurde es tatsächlich ein Kaiserschnitt – Yohannas Kind kam aber wohlbehalten zur Welt!

Mir ist in solchen Situationen immer so bewusst, wie entscheidend es ist, sprachfähig zu sein. Nur mit Sprachkompetenz können sich zugewanderte Menschen in unserem Land beheimaten. Deshalb fand ich toll, dass du mit so viel Engagement und Geduld Deutsch unterrichtet hast.

Es hat wirklich gutgetan, helfen zu können. Von Anfang an hat mich das Wort »Flüchtlingskrise« geärgert. Das ist so ein negatives Etikett! Wahr ist: Jeder einzelne Geflüchtete wurde von einer ganz tief greifenden, persönlichen Lebenskrise getroffen. Wer bis nach Deutschland kam, hatte sich und hoffentlich seine Familie mit letzter Kraft gerettet.

Für unser Land bedeutete die Aufnahme der Menschen keine Krise. Wir hatten und haben genug zu essen und zu trinken, ein warmes Zuhause, ein gutes Auskommen. Es war aus meiner Sicht eine Aufgabe zu helfen, sicherlich eine Herausforderung – eine Anfrage an die Humanität einer Wohlstandsgesellschaft. Was wirklich eine Krise ist, das hat uns später die Corona-Pandemie gezeigt.

Das jetzt ist unsere Krise. Die Auswirkungen der Corona-Pandemie wirken sich dabei sehr unterschiedlich aus. Die einen spüren wenig, die anderen sind schwer belastet. Manche stecken die Infektion weg, andere leiden monatelang (vielleicht sogar dauerhaft) unter massiven gesundheitlichen Problemen. Wir haben allein in Deutschland Zehntausende von Toten zu beklagen – weltweit sind es Millionen. Einige Wirtschaftszweige kommen weitgehend unbeschadet durch die Krise, andere liegen finanziell am

Boden, weil die monatelangen Beschränkungen alle Reserven aufgebraucht haben. Viele Menschen waren und sind verzweifelt. Kontaktbeschränkungen und Einsamkeit haben Spuren hinterlassen. Ich habe bei einer Seelsorgeaktion mitgemacht. Zwei Stunden pro Woche habe ich mit Menschen telefoniert, die ein offenes Ohr brauchten. Ratsuchenden. Die Einsamkeit hat viele so belastet. Nicht mit Mutter, Vater, Großeltern, Ehepartnern und Geschwistern in Pflegeeinrichtungen im Kontakt sein zu können, das war schlimm. Wenn du weißt, jemand, den du liebst, liegt im Sterben, und du darfst nicht hin und seine Hand halten, das kann traumatisieren. Aber ich habe auch die Kinder im Blick gehabt. Diese abgesperrten Spielplätze im ersten Lockdown haben mir richtig wehgetan. Was sollen denn Kinder tun, die ohne Garten in einer kleinen Wohnung auf engstem Raum regelrecht weggesperrt sind? Viele Familien sind an den Rand ihrer Kräfte gekommen.

Der Begriff Fürsorge hat für mich während der Corona-Pandemie einen neuen Klang erhalten. Er kommt so altbacken daher, und wir denken zunächst vielleicht an so etwas wie Armenfürsorge. Dabei ist die Sorge für andere und das Sich-Sorgen um andere ein Zeichen dafür, dass Menschen weiterdenken – über sich selbst und die eigenen Sorgen hinaus.

Den Nächsten in den Blick nehmen, darauf achten, wie es ihm geht – das ist so wichtig. Und es ist schön wahrzunehmen, wie viele Menschen wirklich hinsehen und spüren, was in einer bestimmten Situation notwendig und gut ist. Es wurden zu Beginn der Pandemie Telefonnummern und Mailadressen verteilt, über die Einkaufshilfen angefragt werden konnten. Einige haben nicht nur für andere eingekauft, sondern auf eigene Rechnung manches dazugepackt. Und auch in anderen Bereichen haben sich Fürsorge und Solidarität gezeigt. Viele haben für Notleidende gespendet, bewusst bei kleineren Händlern bestellt und dann selbst abgeholt. Trotzdem stehen einige nach der Pandemie vor dem Nichts, haben ihren Arbeitsplatz oder ihr Geschäft verloren. Andere können nicht schnell genug die nächste Kreuzfahrt buchen.

Wir brauchen ein gemeinsames Gewebe, das uns in unserem Land zusammenhält. Und das besteht aus Solidarität, aus Werten, daraus, dass die Stärkeren bereit sind, für die Schwächeren einzustehen. Sonst zerbricht unsere Gesellschaft in lauter Einzelteile und kennt kein Wirgefühl mehr.

HUMOR UND LEICHTIGKEIT

ANDREAS // Schmunzeln ermöglicht, eingeübte Kommunikationsmuster bei Paaren mit einer gewissen Leichtigkeit zu hinterfragen. Oft passiert es, dass wir uns ein Ereignis, ein Erlebnis erzählen wollen, aber nicht mehr ganz sicher sind, ob wir es schon einmal dem anderen erzählt haben. Wie lange dauert es wohl, bis der eine vom anderen alles weiß? Geht das überhaupt, alles übereinander zu wissen? 40 Jahre – was steckt da nicht alles drin, auf beiden Seiten.

Wenn ich meinen Kindern einen Witz erzähle, bin ich immer unsicher, ob sie den kennen. Meistens schon. Mein Witzerepertoire hat in den letzten Jahren nicht wesentlich zugenommen. Oft ist es dann so, dass ich schon zu Beginn des Satzes zu hören bekomme: »Ach Papa, lass stecken, den ›Vaterwitz‹ kennen wir doch!« – »Na gut«, sage ich bei solchen Gelegenheiten, »dann werde ich meine Witze mal durchnummerieren und zukünftig nur noch die Zahl dazu nennen.« Aber dann wieder kommt es tatsächlich vor, dass ich einen richtig alten Witz erzähle und denke, gleich kommt wieder der Spruch: »Vaterwitz«. Doch ich bin überrascht, dass ihn niemand kennt. Auch das gibt es.

Ich höre selbst gerne zu, wenn jemand einen Witz erzählt. Das lockert sofort die Stimmung auf, alles entkrampft sich.

Mit humorvollen Menschen bin ich gerne zusammen. Wer Humor hat, schafft es, den Unzulänglichkeiten der Welt mit heiterer Gelassenheit zu begegnen. Natürlich lässt sich nicht alles weglachen, aber viele Mitmenschen übertreiben es mit ihrer oft unnötigen Ernsthaftigkeit. Gemeinsames Lachen macht Kopf und Seele frei. Dazu gehört auch, dass man über sich selbst lachen kann. Das bringt ein schöner Spruch zum Ausdruck: »Selig, wer über sich selbst lachen kann, er wird immer ausreichend Unterhaltung haben.«

Ich habe nebenberuflich, wie bereits erzählt, eine Clownausbildung absolviert und dabei neben vielen anderen Dingen gelernt, die Komik, die oft im eigenen Handeln und dem der anderen liegt, zu sehen und drüber zu schmunzeln. Manchmal entstehen daraus Szenen, die ich als Clown auf die Bühne bringe. Über nichts lacht der Mensch offenbar so sehr wie über Darstellungen, in denen er sich selbst mit seiner Unzulänglichkeit wiedererkennt. Murphys Gesetz »Alles, was schiefgehen kann, wird auch schiefgehen« – das kann man viel leichter nehmen, wenn man mit einem Lächeln auf das Missglückte schaut.

Manchmal werde ich gefragt, wie ich auf die Idee gekommen sei, eine Clownausbildung zu machen. Und ich muss sagen, das ist wirklich insgesamt eine »komische« Geschichte. Einer meiner Freunde ist schon immer ein großer Clownfan. In seinem Haus hat er ganz viele Bilder von Clowns aufgehängt, gemalt von Sieger Köder, einem katholischen Priester und bekannten Künstler. Eines Tages habe ich meinen Freund zum Geburtstag mit einem Gutschein für einen Wochenendkurs für Clowneinsteiger überrascht. Da ich ahnte, dass er dort nicht gerne alleine hingehen würde, war ich auch mit von der Partie. Beide hatten wir einen

Riesenspaß an diesem Kurs – aber mich hat es so richtig gepackt. Ich wollte mehr. Die Rolle des Clowns faszinierte mich sofort. Und so begann ich im Alter von 50 Jahren als eine Art Spätberufener, weitere Fortbildungskurse zu besuchen. Mein Freund fand dazu leider nicht die Zeit.

Wie lässt sich das Wesen des Clowns als Kunstfigur kurz beschreiben? Der Clown spielt mit den Missgeschicken und Problemen, die sich auftun. Er geht dabei seine ganz eigenen, oft seltsamen Wege, die auch ins Absurde führen können. Dabei verliert der Gedanke, das Problem lösen zu müssen, immer mehr an Bedeutung – zugunsten der Auseinandersetzung mit den eigenen Unfähigkeiten, falschen Erwartungen und den Dingen, die manchmal ein Eigenleben zu haben scheinen. Deshalb scheitert er.

»Der Weg ist das Ziel«, heißt es. Ich habe lange gebraucht, diesen Satz zu verstehen. Aber ich habe ihn in meinem Leben immer wieder bestätigt gefunden. Da möchtest du unbedingt etwas Bestimmtes erreichen, setzt dich in Bewegung, geistig und körperlich, um irgendwann einmal am Ziel deiner Träume anzukommen. Doch auf dem Weg dorthin begegnen dir so viele schöne, neue bedeutende Sachen, die möglicherweise wertvoller erscheinen als das ursprünglich Angestrebte. Der Weg allein war lohnend. Das Ziel verliert sich. Ich denke, Wanderer sehen das, ganz im wörtlichen Sinne betrachtet, ähnlich. In Bezug auf das Spiel des Clowns könnte dieser Satz, in leicht abgewandelter Form, sein Handeln noch präziser beschreiben: »Das Ziel liegt auf dem Weg.«

Vor einigen Jahren habe ich an einem Bahnhof ein Plakat mit einer auf dem Boden liegenden Bananenschale gesehen. Plötzlich kam mir die Idee, ein Clowntheaterstück für Kinder zu schreiben, in dem eine Bananenschale die Hauptrolle spielt. Es ist ein Stück über Mut, sich etwas zuzutrauen, mit Liedern zum Mitsingen und kleinen Zaubertricks. Im Stück verkörpert ein Clown den ständigen Besserwisser, ein anderer den Dummen. Im Spiel stellt sich schnell heraus, dass der Besserwisser oft das Falsche tut und der »Dümmere«, den mein Clownpartner Lukas spielt, eigentlich der Schlaue ist. Er hilft dem Besserwisser dazu, ein Problem zu lösen, in dem Glauben, er sei selbst darauf gekommen. Immer wenn wir das Stück aufführen, wird schnell klar, wem von uns beiden die Kinder die meiste Sympathie schenken: Natürlich dem vermeintlich Schwächeren, der sich immerzu anhören muss, was er falsch macht und wie es besser geht. Unbewusst erkennen die Kinder in diesem Rollenspiel sich selbst wieder, identifizieren sich mit der Figur des »Tiefstatus«, leiden und freuen sich mit ihm.

Die Sympathiewerte für meine Rolle halten sich dabei in Grenzen. Das nehme ich gern in Kauf. Denn es macht so viel Freude, die Kinder lachen zu hören. Das ist die schönste Belohnung, die man bekommen kann. Beim Clownspiel kann ich alles andere um mich herum vergessen. Der spielende Mensch entdeckt sich im Spiel selbst und kann dadurch brachliegende Fähigkeiten erkennen und entwickeln. Er befreit sich von inneren Zwängen, kann seine Kreativität entfalten und erfährt dadurch eine spezielle Form von Freiheit. Von Friedrich Schiller stammt der bedeutsame Satz: »Der Mensch ist nur da ganz Mensch, wo er spielt.« Wir sollten alle mehr spielen. Ich bin sehr froh, dass ich das relativ spät in meinem Leben noch entdecken konnte. Es bedeutet mir viel.

MARGOT // Andreas und ich können oft miteinander lachen, durchaus über einander und über uns selbst. Wir mögen beide das Kabarett, egal ob im Theater oder im Fernsehen. Ganz besonders viel Freude macht uns die politische Satire. Diese begleitet uns beide spätestens seit den Tagen, in denen Dieter Hildebrandt mit seiner Kabarettsendung »Scheibenwischer« in der ARD große Erfolge feiern konnte. Einige Sendungen haben für Aufregung gesorgt. 1986 weigerte sich beispielsweise der Bayerische Rundfunk eine »Scheibenwischer«-Sendung auszustrahlen. Es ging um eine Satire in Zusammenhang mit der Reaktorkatastrophe in Tschernobyl.

Heute undenkbar, dass sich eine der öffentlichen Rundfunkanstalten aus der bundesweiten Übertragung einfach ausblendet. Sendungen wie die »heute Show« und »extra 3« oder Jan Böhmermann im »ZDF Magazin Royale« bringen aktuell vieles auf den Punkt. Wir können dabei lachen im Bewusstsein, dass vieles wahrhaftig nicht lustig ist.

Ich mag es gern, wenn Andreas lacht. Mir fiel das von Anfang an auf. Wir haben in den ersten Tagen auf Usedom »Notting Hill« geguckt. Er konnte über den Auftritt von Spikey derart ansteckend lachen, dass es eine wahre Freude war. Vor einigen Jahren haben wir in Stadtallendorf die beiden ehemaligen Gesellen meines Vaters besucht, Günter Trexler und seine Frau Elsbeth, Manfred Leitseder und seine Frau Gisela. Es war ein wunderbarer Nachmittag mit vielen alten Geschichten. Ich bin so froh darüber, weil inzwischen bis auf Elsbeth alle verstorben sind. Wir haben damals viel miteinander gelacht. Auch über eine Geschichte von Andreas. Eines Tages kaufte er stolz bei Günter Trexler für 1000 Mark sein erstes Auto, einen R4. Selbstverständlich in der ehemaligen Werkstatt meines Vaters. Im Kfz-Brief erkannte er: Er war der 10. Besitzer. Als er vom Hof fuhr, kam er gut 500 Meter weit. Dann war Ende Gelände. Die Geschichte hat an diesem Nachmittag viele andere über R4s, Rostbeulen und andere Erinnerungen wachgerufen, es hat einfach Spaß gemacht.

Andreas und ich können gut zusammen lachen. Als in der Verlagsvorschau dieses Buch genannt wurde, gab es in der Presse eine Ankündigung, ich würde am kommenden Sonntag in der *BILD am Sonntag* »meine große Liebe« öffentlich machen. Da habe ich am Telefon gesagt: »Da hast du es nun, du bist meine große Liebe.«

Seine Antwort: »Ach, es gibt Schlimmeres!«

»Vielen Dank«, habe ich gesagt, »das merke ich mir«.

Und natürlich sind solche Szenen dann irgendwann auch Teil der gemeinsamen Geschichte. Beim Stuttgarter Kirchentag 2015 hatte ich beispielsweise ein neues Kleid dabei, zog es morgens an und fragte: »Na, wie findest du es?«

Andreas: »Mach dir nichts draus, ich hab auch nichts Schönes zum Anziehen dabei!«

Natürlich behauptet er jetzt, das sei völlig anders abgelaufen, aber es bleibt eine Szene, über die wir lachen können.

Persönlich bin ich dankbar, dass mir der liebe Gott ein fröhliches Herz mit auf den Lebensweg gegeben hat. Das klingt salopp, aber ich empfinde es so. Es ist doch oft im Leben die Frage, ob wir uns festbeißen, etwa in Streit, Abneigung, gar Hass. Oder ob wir loslassen können, mal über uns selbst lachen, verzeihen können, anderen und auch uns selbst. Für mich ist Humor geradezu eine Lebenshaltung. Humorlose Menschen scheinen mir schmallippig, oft auch dünnhäutig. Die Liebe zu Menschen, die Jesus in den Erzählungen der Evangelien zeigt, erwartet ja gerade keine Perfektion, sondern geht liebevoll mit dem nicht Perfekten um. Und dazu gehört mindestens ein Lächeln.

ALTWERDEN ODER: ALLES HAT SEINE ZEIT

ANDREAS // Mit 60 hat man in der Regel mehr erlebt und möglicherweise durchlitten, als mit 20. Mit 30 hast du nicht den gleichen Erfahrungshorizont wie mit 70. Die Jungen haben die Kraft, die Dynamik, haben Ideen und Kreativität, mit der sie der Gesellschaft neue Impulse geben und sie gestalten können. Die Alten haben die Weisheit, die durch viele Erlebnisse im Laufe der Jahre reifen konnte. Alles hat seine Berechtigung und Bedeutung. Im Laufe unseres Lebens wachsen wir mit jeder neuen Herausforderung. An Niederlagen in der Regel mehr als an Erfolgen. Kein einziges Leben ist ausschließlich voll des Glücks. Leid und Trauer gehören ebenso dazu. Das eine kann ohne das andere nicht sein. Oft habe ich das Gefühl, dass die jüngere Generation gar nicht realisiert, welch immenser Fundus an Erkenntnis und Lebenserfahrung sich bei den Älteren verbirgt.

Erst im Rückblick erkenne ich in meinem Leben so etwas wie Struktur. Wenn wir ins Leben aufbrechen, ist vieles diffus, wenig konkret. Dann fangen wir an Pläne zu schmieden. Aber wie heißt es so schön: Leben ist das, was passiert, während du etwas anderes planst. Das gefällt mir.

Vieles hat man nicht in der Hand. Manches kommt anders, als man denkt. Wir werden von Ereignissen überrascht, die auf einmal dem eigenen Leben eine ganz andere Richtung geben. Für mich ist das Leben wie ein großes Puzzle aus ganz vielen Teilen mit unterschiedlichen Farben und Mustern. Manche davon finden ganz schnell ihren Platz, andere brauchen etwas länger. Erst wenn das letzte Teilchen eingepasst wird, sehen wir das Bild unseres Lebens vollendet. Und solange sich nach meinem Tod noch jemand an mich erinnert, an mich denkt, bin ich nicht wirklich tot.

Älterwerden bedeutet, dass der Zeitraum, auf den wir zurückblicken, länger ist als der, der noch vor uns liegt. »Alle Menschen möchten gerne alt werden ...« Um das zu erreichen, werden sie mit Tipps für gesunde Ernährung, körperliche und geistige Fitness und die richtige Work-Life-Balance, also das Verhältnis von Arbeits- und Privatleben, tagtäglich überschüttet. Aber der eben begonnene Satz geht noch weiter: »... aber keiner will alt sein.«

Seltsam, oder? Doch wenn ich ehrlich bin, geht es mir ähnlich. Auch mir fällt es nicht leicht, das Älterwerden anzuerkennen. Meine Kinder helfen mir ein bisschen dabei, mich jünger zu fühlen, als ich bin. Wenn man vier Kinder hat, ist immer irgendwie irgendwo irgendetwas los. Allein das ständige Umziehen von einem Ort zum anderen, was meine Kinder sehr zu lieben scheinen, hält mich, neben dem Joggen, körperlich fit. Und auch die Aussicht, Großvater zu werden, freut mich riesig.

MARGOT// »Aus den Träumen des Frühlings wird im Herbst Marmelade gemacht.« Als ich diesen Spruch vor einiger Zeit las, fand ich ihn erst lustig, dann habe ich gedacht: Das passt. Im Frühling des Lebens wachsen die Blüten in den Himmel. Im Herbst kannst du in Frieden davon zehren.

Unsere Nachbarin auf Usedom hat uns vor Kurzem ein Glas wunderbarer Himbeermarmelade gebracht. Ich hatte, als ich es öffnete, das Gefühl: »Du kannst den Sommer noch riechen, und du kannst ihn schmecken.« Bilder, die sich auf das Leben übertragen lassen. Manchmal schaue ich zurück und wundere mich über das eigene Leben. Ich denke nicht, dass ich um irgendetwas zu trauern hätte. Vielmehr bin ich dankbar für alles, was mir möglich war.

Das Leben bietet große Chancen. Aber sie lassen sich nicht immer alle ergreifen. Manchmal fehlt die Gelegenheit, die Umstände passen nicht, oder der geeignete Moment stellt sich einfach nicht ein.

In dem Buch »Dieser weite Weg« schreibt Isabel Allende: »Eine Lebensgeschichte ist so, wie sie erzählt wird.« Im Rückblick verschwimmt manches. Auch wenn wir einander davon erzählen.

Manchmal hat Andreas Erinnerungen an gemeinsam Erlebtes, die mir gar nicht so bewusst sind, ein anderes Mal ist es umgekehrt.

Mit dem Älterwerden ist das so eine Sache. Wir wissen nicht genau, was auf uns zukommt. Wer die 60 überschritten hat, muss der Tatsache ins Auge blicken, dass das Alter eine Last sein kann, die mit Beschwerden verbunden ist. Und es steht fest, dass die letzte Lebensetappe angebrochen ist. Ja klar, ich fühle mich manchmal noch stark und fit. Aber von einem Moment auf den anderen kann sich alles ändern. Wie schnell kann das gehen: Ein Herzinfarkt, ein Schlaganfall, eine Krebsdiagnose oder auch nur ein böser Sturz kann uns aus der Bahn werfen.

Die Lebenshaltung von Andreas und mir ist bestimmt von Dankbarkeit und Zufriedenheit. Einerseits sind wir dankbar für das Leben, das wir leben durften. Und andererseits auch für das, was jetzt gerade dran ist. Wenn es manchmal sehr spät wird, bis wir gemeinsam am Frühstückstisch sitzen, weil wir uns Zeit lassen oder vorher noch joggen gehen, dann sagen wir oft zueinander: Stell dir vor, du müsstest jeden Tag um 8 Uhr den Dienst antreten oder noch früher. Wir haben das beide jahrzehntelang getan, wissen, was es heißt, frühmorgens die Kinder zu versorgen, Brote zu schmieren, zu schauen, dass die Jüngsten pünktlich zur Schule kommen. Was für ein Glück, dass wir im Alter unbeschwerter leben können!

Dabei spielt die Familie weiterhin für uns eine große Rolle. Die Kinder sind in unseren Gesprächen, durch Telefonate und gemeinsame Treffen präsent. Die Enkel machen uns Freude. Auch das ist ein großes Glück, die nachfolgenden Generationen noch ein wenig begleiten zu können. Aber es ist auch gut, nicht mehr mittendrin im Familienleben zu stecken.

Sollte eine(r) von uns pflegebedürftig werden, müssen wir neu schauen, wie wir unser Leben dann miteinander gestalten. Sollte die Mobilität abnehmen, können wir uns anders orientieren.

Zurzeit aber genießen wir schlicht die Freiheit. Wir können gemeinsame Zeiten planen. Das Gefühl auskosten, dass sich Lebenskreise schließen. Wir müssen keinen Idealbildern von Liebe und Partnerschaft entsprechen. Der eine kann sich neu ausprobieren im Theater- und Clownspiel, die andere kann weiter predigen, schreiben, Vorträge halten. Alles nach dem Maß, in dem es uns guttut. Aber es ist auch schön, dass gemeinsame Projekte entstanden sind. Andreas hat zu zwei Büchern von mir die Fotos beigetragen, wir haben gemeinsam einen Schuber für die Lutherbibel 2017 gestaltet. Zu drei Kinderbüchern zu biblischen Geschichten hat er die Lieder geschrieben. Es macht Spaß, etwas gemeinsam kreieren zu können. Und es ist schön, gemeinsame Zeit auf Usedom zu verbringen.

Kürzlich habe ich einen »Segen für einen gemeinsamen Weg« gefunden, den ich sehr passend finde:

»Gesegnet sei euer Hören und Reden,
euer Tun und Lassen,
euer Freigeben und Binden,
euer blindes Vertrauen und Nachfragen,
euer Kämpfen und Feiern,
eure Nähe und Distanz,
euer Infragestellen und Antworten,
euer Entscheiden und Warten,
euer Ja und Nein,
euer Sein und Werden.«[5]

Das passt doch ...

EPILOG

Dieses Buch zu schreiben war ein Prozess mit sehr unterschiedlichen Gefühlen. Mal dachten wir: Wie langweilig, das wird niemanden interessieren. Dann hat uns selbst erstaunt, was wir alles teilen – als Haltung unserer Generation. Und wir dachten: Dieses Lebensgefühl, diese Erfahrungen, diese Werte, das teilen ja viele andere mit uns. Und es ist doch gut, es auch den Jüngeren weiterzugeben. Weiß nicht jede Generation viel zu wenig von den Eltern?

Eine Freundin, die das Manuskript gegengelesen hat, war beeindruckt von unserer so positiven kirchlichen Prägung. Sie meinte, die Kirche könne in Zeiten wie diesen froh sein, wenn Menschen sich so von ihren guten Erfahrungen getragen sehen. Das zeigt, wie eine gute christliche Prägung einem ganzen Leben Halt geben kann.

Wir beide denken: Wie gut es ist, immer wieder etwas Neues zu wagen. Das Leben ist voller Überraschungen, wir sollten auch im Alter offen bleiben für Neuanfänge. Klar sind schlechte Erfahrungen belastend. Aber es gibt auch in düsteren Zeiten Wege zurück zum Glück.
Und was ist Glück? Es sind am Ende die Beziehungen unseres Lebens. Ja, wir haben das Glück, uns als Paar wieder-

gefunden zu haben. Anderen ist das nicht vergönnt. Das ist keine Frage von Wollen und Können, sondern ein Geschenk. Und wir sind dankbar dafür. Auf jeden Fall aber ist Glück gerade im Alter verknüpft mit menschlichen Verbindungen, die wir pflegen. Auch Bronnie Ware berichtet in ihrem Buch »Fünf Dinge, die Sterbende bereuen« davon, dass viele Menschen sich am Ende ihres Lebens bewusst werden, wie gut es doch gewesen wäre, wenn sie den Kontakt zu ihren Freunden aufrechterhalten hätten. Aber dafür ist es zu spät.

In Beziehungen leben mit Partnern, Kindern, Enkeln, Freundinnen und Freunden, das hält und trägt uns. Das biblische Wort »Es ist nicht gut, dass der Mensch allein sei« beschreibt eine tiefe Erkenntnis. Und diese bezieht sich nicht exklusiv auf Zweisamkeit, sondern auf ebendieses Leben in menschlicher Beziehung. Unsere Freundschaften sind uns wichtig. Die, die wir je allein pflegen, und die, die wir zusammen haben.

Aber Beziehung bedeutet immer auch Einsatz, Engagement. Es braucht manchmal Kraftanstrengungen, einen neuen Aufbruch und Offenheit, um Beziehung zu wagen. Und das gilt für Paare wie für Freundschaften. Wenn wir unser Alter positiv gestalten wollen, mit Humor und weitem Horizont, dann lohnt es sich, auf andere zuzugehen. Andreas hat beispielsweise über das Internetportal nebenan.de jemanden kennengelernt, der andere für gemeinsames Musikmachen suchte. Inzwischen sind beide befreundet, machen in der Tat oft Musik zusammen, und manchmal kommen andere mit dazu, auch ich. So entstehen neue Verbindungen auch in unserem Alter. Niemand muss einsam alt werden.

Wir sind dankbar, zusammen sein zu dürfen. Und fühlen uns dabei privilegiert. Wir wissen aber nicht, wie diese letzte

Etappe unseres Lebens aussehen wird. All dem, was kommt, sehen wir mit Spannung entgegen, manchmal auch etwas besorgt, aber getragen von der Überzeugung, dass wir gehalten sind – von Menschen und durch unseren Glauben.

Margot Käßmann
Andreas Helm

Foto: Julia Baumgart

Margot Käßmann, Jahrgang 1958, ist eine der bekanntesten kirchlichen Persönlichkeiten Deutschlands. In und nach ihrer Zeit als Ratsvorsitzende der Evangelischen Kirche in Deutschland gewann sie mit ihrer offenen und geradlinigen Art die Wertschätzung und Sympathien vieler Menschen. Sie ist Mutter von vier erwachsenen Töchtern und Großmutter von sieben Enkelkindern.

https://margotkaessmann.de/

Andreas Helm, Jahrgang 1959, studierte Elektrotechnik und arbeitete drei Jahrzehnte für ein ehemaliges großes Staatsunternehmen. Ehrenamtlich engagiert er sich heute als Texter, Musiker und Clown für ein Kindertheater und als Posaunist in zwei Ensembles. Er ist Vater von vier erwachsenen Kindern und freut sich darauf, bald Großvater zu werden.

https://lukandi.de

QUELLEN

1 Hans Küng, Erlebte Menschlichkeit. Erinnerungen, München 2013, S. 15.
2 »Stufen«, aus: Hermann Hesse, Sämtliche Werke in 20 Bänden. Herausgegeben von Volker Michels. Band 10: Die Gedichte. © Suhrkamp Verlag Frankfurt am Main 2002.
3 Vgl. Susann Sitzler, Väter und Töchter, Stuttgart 2021, S. 27 f.
4 »Über die Ehe«, aus: Khalil Gibran, Der Prophet. Aus dem Englischen übersetzt von Karin Graf. 1973 Solothurn und Düsseldorf.
5 Gernot Candolini, Segen. Kraftquelle des Lebens, © 2013 Claudius Verlag, München, S. 82.

Alle Bibelstellen wurden entnommen aus:
Lutherbibel, revidiert 2017, © 2016 Deutsche Bibelgesellschaft, Stuttgart

Das Beste kommt noch

Gelassen und voller Zuversicht älter werden. Diesen Wunsch hegt auch Margot Käßmann. In ihrem erfolgreichen Lebensratgeber beschreibt sie den Start in die besten Jahre: Es geht um tragende Freundschaft, Familie und Alleinsein. Sie erzählt von guten Gewohnheiten, die Bestand haben, und Veränderung, von Glück und Scheitern, steht zu den abnehmenden Kräften und benennt Kraftquellen.

Ein Buch, das Lust macht, die Lebensphase ab Mitte 50 freudig anzugehen.

Margot Käßmann

Schöne Aussichten auf die besten Jahre

240 Seiten · Hardcover mit Schutzumschlag
Lesebändchen · Mit zahlreichen s/w-Fotos
ISBN 978-3-96340-010-0
€ [D] 18,99 · € [A] 19,60

Auch als Taschenbuch erhältlich
ISBN 978-3-96340-011-7
€ [D] 12,00 · € [A] 12,40

Besuchen Sie uns im Internet:
www.bene-verlag.de

Aus Verantwortung für die Umwelt hat sich die Verlagsgruppe Droemer Knaur zu einer nachhaltigen Buchproduktion verpflichtet. Der bewusste Umgang mit unseren Ressourcen, der Schutz unseres Klimas und der Natur gehören zu unseren obersten Unternehmenszielen. Gemeinsam mit unseren Partnern und Lieferanten setzen wir uns für eine klimaneutrale Buchproduktion ein, die den Erwerb von Klimazertifikaten zur Kompensation des CO_2-Ausstoßes einschließt. Weitere Informationen finden Sie unter: www.klimaneutralerverlag.de

Originalausgabe September 2021
© 2021 bene! Verlag
Ein Imprint der Verlagsgruppe
Droemer Knaur GmbH & Co. KG, München
Alle Rechte vorbehalten. Das Werk darf – auch teilweise – nur mit Genehmigung des Verlags wiedergegeben werden.
Lektorat: Stefan Wiesner
Cover- und Innengestaltung: Maike Michel
Titel- und Autorenfoto: Julia Baumgart
Druck und Bindung: CPI books GmbH, Leck
ISBN 978-3-96340-173-2

5 4 3 2